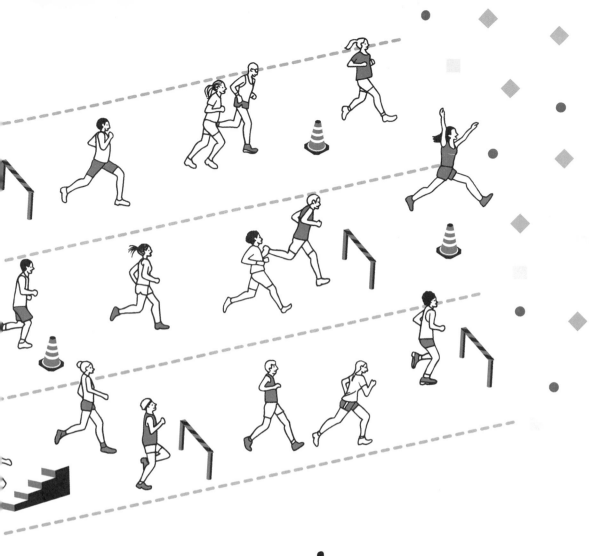

生涯規劃
與 職涯發展

王淑俐 —— 著

Career Planning and Development

三民書局

初版序

　　近年來，我在各大學及勞動部就業署都開設「生涯規劃」課程；看得出社會各界對於此類課程越來越重視。但一般仍以學業成就做為成功的指標，不僅對升學考試的「失敗者」不公平，對「成功者」也不利。因為學業成功不等於日後的事業成功，會讀書也不等於會做事，反之亦然。

　　加上近來政治、社會、經濟、產業變遷越來越快速，已超出一般人所能掌握的範圍。於是不少年輕人的生活態度，轉為追求「小確幸」，不肯踏出「舒適圈」；師長則不斷感慨大學生上課啃雞腿、睡覺、滑手機、大量翹課，彷彿未來堪憂。

　　我常被問：是否對這些現象感到悲觀？我不否認的確「輕度悲觀」，但總體仍持「長期樂觀」的態度。我相信每個人都有自己想要的人生、關心的課題，而且並非每個人的成長環境都優渥、有可以依靠的父母，不少大學生需要學貸交學費、打工交房租，找工作也沒有顯赫的家世背景或找得到人「關說」。

　　如果你擔心大學生上課不買教科書，那麼有圖為證，我將這學期上課的班級拍照存證，他們來自不同的大學（哪些大學不是重點）。我不怕他們的求學態度如何，只怕自己失去教學信心，也謝謝學生一直幫我增強信心。尤其 2020 年新冠肺炎 (COVID-19) 造成全球大流行之際，大家體悟到不可掌握的事情越來越多，也越想增加自己可掌握之處。我感覺學生因此成熟了，上課更認真了。

所以，不管外在世界如何改變，生涯／職涯的規劃，仍可掌握在自己手裡。本書的用途是：

　　為了「轉大人」而準備的生活手札。

　　能夠「好心有好報」而準備的好事紀錄。

　　希望「幸福」而準備的成功日記。

　　整合生涯／職涯規劃使用手冊。

　　本書不僅可用於大學畢業前之就業準備，更包括之後的每一年及五至十年的生涯目標之達成。可用以檢視與改造自己，確保一生的工作、健康、家庭、夢想、生活品質，以及對社會的回饋、貢獻，都能圓滿。

王淑俐　2020 年 7 月 23 日

contents

初版序

第二篇　職場面對面

第三篇　轉換人生跑道

目　次

第四篇　家庭、心情，與時間管理

人物介紹

詠晴(大一)
對選擇的科系有信心
想好好規劃大學生活
偶爾會後繼無力

宥翔(大二)
填不感興趣的系滿足父母期待，
轉系失敗，覺得大學混過去就好

品妤(大四)
成功申請交換學生
準備考研究所
有點焦慮

柏宇(大學長)
畢業後工作兩年
常回學校分享生涯
規劃與職場溝通經驗

直屬學長

直屬學姊

直屬大學長

喜歡長裙
跟文青型
衣服

衣服運動系
緊身

衣服寬鬆系
略顯隨便

襯衫系穿著
給人親切感

第一篇　社會新鮮人的職場前哨戰

第 1 章 「物超所值」的大學生涯
——美麗人生的銜接點

~直屬學長姐聚餐~

為何宥翔學長不願意分享系上的事情！

這個系就是沒什麼出路啊！出國念書，累個半死，還要為考研究所跟求職煩惱。

宥翔別這樣！那是我想要做的事啊！

別擔心！只要認識自己的特質，都可以找到適合的學習跟未來工作喔！

第一節　大學進入職場的「最後一哩路」

　　從小到大我們一直被灌輸「讀好的學校就有好前途」的觀念，自己也逐漸「相信」擁有好學歷就比較有出息。雖然偶爾會懷疑或想反抗父母的念頭，但「書中自有黃金屋」、「唯有讀書高」的價值觀已然「世代相傳」。長輩年輕時也曾想掙脫這龐大的社會壓力，卻仍遷就現實吧！

　　社會價值觀如何形成？學歷與未來的「前途」真的成正比嗎？以薪水來觀察，民國 107 年勞動部「薪資行情及大專生就業導航」調查結果，大專畢業生（含碩博士、學士、專科）平均月薪 34,278 元，其中博士生平均 67,495 元、碩士生 49,017 元、學士生 30,422 元、專科生 31,331 元，似乎印證「教育程度高，薪水也高」的推論。至於專科生薪資略高於大學生，是因為在學期間已訓練出某項領域的技能，所以工作時較快上手。

　　但對雇主來說，教育程度高，等於生產力高嗎？近年來因為高等教育開放、高學歷者爆增，造成「供過於求」甚至「學歷貶值」的現象。先以學生人數來看，1990 年至 2014 年的二十四年間，大學生增加了四倍多、碩士生增加近十倍、博士生也增加了七倍，詳如下表所列（許品鵑、謝秉弘，2016）：

表 1-1　二十五年來臺灣大專校院學生數變動趨勢調查

大專生數變動狀況	1990 年	2014 年	成長倍數
學士等級之學生數	239,000 人	1,037,000 人	4.3 倍
碩士等級之學生數	18,000 人	173,000 人	9.6 倍
博士等級之學生數	4,437 人	31,000 人	6.9 倍

　　所屬天下文化的《Cheers》雜誌，自 1997 年至 2020 年，連續二十四年進行「企業最愛大學生調查」，調查 9 項指標如下：專業知識與技術、國際觀與外語力、創新能力、解決問題能力、融會貫通能力、數位應用能力、學習意願與可塑性、抗壓性、團隊合作，以檢視高等教育動態與企業人才需求之間的關聯（調查係依《天下》雜誌 2000 大企業人資主管問卷結果分析）。

　　2000 年起至今，臺灣大學、成功大學、交通大學與清華大學等 4

校，一直位居排行榜前 4 名，「臺成清交」成為企業求才的重要品牌。成大與臺大輪流分居一二，成大甚至在 1997-2006 共十年位居榜首。因為成大善用不同管道，積極與產業連結，所以畢業生的實作能力受到企業肯定。2007 年，臺大重新奪得榜首，是因為校方積極推動創意創業學程，讓學生面對問題時不只抱怨，而能用系統方式解決。並鼓勵學生增加人際互動、累積團隊合作的經驗，撞擊出新想法並有協作和執行的能力。

以 2019 年的調查來看，9 項指標中，臺大在專業知識與技術、國際觀與外語力、創新能力、解決問題能力、融會貫通能力、數位應用能力等 6 項較偏硬實力的部分占第一，成大則在學習意願與可塑性、抗壓性、團隊合作等 3 項勝出，在軟實力的表現上受到肯定。2020 年，成大在「解決問題能力」項目上超越了臺大，其餘的名次不變。

以近兩年總排行榜來看，2019 年 1-10 名依序為 (Cheers，2019)：成功大學、臺灣大學、交通大學、清華大學、臺北科技大學、臺灣科技大學、政治大學、淡江大學、中山大學、中央大學。2020 年的 1-10 名為：成功大學、臺灣大學、交通大學、清華大學、臺灣科技大學、臺北科技大學、政治大學、中山大學、中央大學、淡江大學。自 2015 年至今，前 10 名都是這 10 所大學，只是排序略有變動。

表 1-2 　2019、2020 年企業最愛大學生排行榜 11-30 名

2019年	11-20	輔仁	中原	逢甲	中正	中興	高科	東吳	北大	元智	雲科
	21-30	文化	銘傳	東海	虎尾	南臺	臺師	海大	文藻	中科	勤益
2020年	11-20	高科	中興	逢甲	中原	輔仁	中正	北大	龍華	元智	東吳
	21-30	雲科	臺師	東海	文化	銘傳	南臺	中科	虎尾	勤益	世新

再看表 1-2，2019 及 2020 年企業最愛大學生總排名的第 11-30 名。大學校方、大學生、高中（職）校方、高中（職）生及家長等，得到哪些啟發或覺得要改變哪些觀念？

11-30 的排名中值得省思的是：

1. 企業眼中的排名，為何與大考分數的排名不同？
2. 某些私立大學的排名，為何在公立大學之前？他們做了什麼？
3. 某些公立大學的排名，為何在私立大學之後？他們忽略了什麼？
4. 為何要以這 9 項指標衡量大學畢業生的就業力？
5. 何謂硬實力、軟實力？學校、家庭、社會教育較重視哪些或忽視了哪些？到了大學階段再來補強，來得及嗎？

我國的升學方式多依學科成績分發，較偏硬實力的指標，如專業知識與技術、國際觀與外語能力、創新能力、解決問題能力、融會貫通能力、數位應用能力，較容易由大考分數高之「名校」畢業生獲勝。但軟實力則不然，如學習意願與可塑性、抗壓性、團隊合作，這些與學科成績或智力高低較無關，但由《Cheers》調查結果指出，軟實力確實是求職面試的勝負關鍵。因為科技日新月異，專業知能等「硬實力」較容易過時甚至被取代；但待人處事的基礎等軟實力，卻需要時間陶冶。所以培養軟實力的部分各大學可以公平競爭。

《Cheers》2019 及 2020 年的調查結果，企業晉用大學畢業生時，高達四分之三最重視學習意願強、可塑性高 (74.7%)，其次為抗壓性與穩定度高（也高達七成）。再來才是專業知識與技術、解決問題的應變能力、人際溝通與團隊合作等。專業能力不再是企業第一看重的要件，勤奮不懈的學習態度，更利於就業市場出線。

企業重視的軟實力如「團隊合作」，因我國升學競爭向來「單刀赴會」，不重視與人協調合作，所以不少大學生不喜歡與人互動或共同工作。分組作業時常見各執己見，因為工作習慣落差太大而起衝突。

隨著產業趨勢的變動，跨部門專案合作漸成常態。企業所需的人才不再局限於專業領域，也看重是否具備溝通協調、團隊合作等軟實力。學校若能透過課程設計或教學創新增進，學生的溝通與協作能力，將有助於學生面對職場挑戰。

現今的企業裡，「跨世代溝通」越來越為重要。《Cheers》雜誌2020年的調查顯示（吳佩旻，2020），1981-1995年出生的Y世代，在企業占比已接近半數(45.7%)，其次為1965-1980年出生的X世代(34.2%)。1996年後出生的Z世代(7.8%)，人數也逐漸逼近1946-1964年出生的戰後嬰兒潮員工(12.9%)。

新世代與上一代的成長背景差異頗大，對於工作的新鮮感與變化度，以及渴望展現自我的期望都不相同。「跨世代溝通」或「跨文化溝通」已是必然趨勢，各世代都要跳出「同溫層」學習協作。年長者應思考如何帶領新世代，新世代要理解前輩的想法與用心。

企業招募社會新鮮人時，近七成注重實習經驗，包括「海外短期工作」與「海外留學或交換生經驗」，是因為外派人才的需求日漸攀升。與2018年的調查相較，2019年企業外派員工至中國（含港澳）、越南、印尼、泰國、新加坡等國的需求提升。高達86.4%的企業認為，社會新鮮人須具備挑戰海外工作的意願。

《Cheers》的調查中有一項較顯悲觀，如2019年「薪資沒有競爭力」(47.7%)被列為企業人力短缺的主因，比2018年高出3.9%。僅五成企業(49.9%)，願意提供30,000元以上月薪給大學應屆畢業生。2020年的調查更發現，逾四成企業僅願給大學應屆畢業生30,000元以

下月薪，研究所應屆畢業生的起薪超過三成落在 30,000-35,000 元。「低薪」是壓力抑或動力？這留給大學師生一起「抉擇」與「調適」，包括課程設計與學習心態。

某些私立大學的排名明顯進步，如龍華科大從 2019 年私立大學排名第 23 名，2020 年躍進至第 5 名。龍華科大表示，學校近年積極拉近產學的距離，包括與企業共組產學聯盟、成立產業研發中心。並與業界合作，共同規劃開設物聯網及大數據學程等跨領域工業 4.0 學程。

私校總排名居冠的淡江，大學則採「三環」課程設計，讓專業、通識、課外活動三類環環相扣。鼓勵學生針對實務問題提出解方，並將社團活動列為必修課，培育學生人際溝通、抗壓性與應變等能力。

在「國際觀與外語能力」項目表現優異的文藻外語大學，每學期都有超過 100 名學生到海外當交換學生，500 多位境外生來文藻學習，所以學生都能大方開口說外語。大學部學生要修 24 學分的基礎英文課程，並有語言檢定畢業門檻。各學院也將「跨文化溝通」列為院必修課，透過融合課程的模式，與境外生一起學習。

對大多數人來說，大學是進入職場的最後一哩路。為了順利與職場銜接，畢業前就先要規劃出路，不要等畢業後才開始找工作。大學期間應持續掌握市場趨勢，了解企業人才需求，並積極加強自己未來就業的軟、硬實力。

大學四年不僅培養多重專業，更應多參加社團活動，學習與人互動與團隊合作。尋找企業實習機會，了解職場工作的細節，試探自己的各種可能性。運動及休閒活動更是不可或缺，多儲存身心平衡、樂觀正向的本錢。

中小學階段的求學大多靠背誦及反覆練習，但大學則需思考及清晰的邏輯。要透過觀察、分析來判斷是非對錯，並能有條有理的對外

表達。更重要的是，不要忙著得高分、拿好文憑，卻忘了基本的做人道理。「品德」是進入職場最根本及優先的事務，如孔子所說：「子弟們在家要孝順父母，出外要敬事長上，行為要謹慎，言語要信實，博愛大眾，多親近仁德之士；還有餘力，才用來學習詩、書等典籍知識。」（子曰：「弟子入則孝，出則弟，謹而信，汎愛眾，而親仁。行有餘力，則以學文。」——《論語・學而》）「先德行，後學問」，才能知行合一、名實相符，不要本末倒置、揠苗助長。

⚙ 生涯情境模擬

　　阿銘看到《Cheers》雜誌「企業最愛大學生調查」後發現，他所讀的大學排名在 30 名內，就感到非常安心，覺得自己在高中時犧牲休閒活動，是值得的。

　　但阿金看到調查結果，就有點心酸，自己所讀的國立大學雖排名在前 30 名內，卻落後不少私立大學。她懷疑父母師長一再叮嚀要考上國立大學有什麼用處？之後還不是一樣很難找到工作！

　　阿華對於《Cheers》雜誌的調查則反應冷淡，因為他所讀的大學未排進前 30 名。他的同學跟他一樣，對自己所讀的大學沒有信心，懷疑大學文憑對職涯發展有何優勢？

　　看到上述阿銘、阿金、阿華的反應，你的想法又是什麼？

第二節　職場「脫穎而出」的關鍵

　　由企業對大學畢業生的期待可知，不論是否為名校畢業，升遷的關鍵在於「自學的本事」。學校所教的知能永遠趕不上社會與科技發展的產業轉換。名校學生也許在本職學能上「技高一籌」，但持續學習時是否「虛懷若谷」，就與哪所學校畢業無關。

　　由《Cheers》近兩年的調查發現，企業最愛大學畢業生的前 30 名中有 13 所是私立大學，如淡江、輔仁、中原、逢甲、東吳、文化、元智、銘傳、東海、南臺、文藻、勤益、龍華等。可見企業選才，「國立」、「私立」的標籤效果已日趨模糊。畢業生的實際表現、校友在業界的口碑，以及長期產學合作的模式更重要。所以，面臨公私立大學的「比較」時，應以正確的心態面對，設法展現自己的優勢能力以「脫穎而出」。

　　軟實力與天生的聰明才智沒有正相關，高學業成就者反而可能因高自尊導致無法放低身段，不能把別人放在前面，逃避困難、同理心不足，在受挫力、抗壓性、情緒管控、建立人際關係等軟實力方面需要加強。工作中勝出的理由，還是強烈的自我實現和學習動機；肯用熱情擁抱困難與挑戰的人，才是企業需要的將才。

　　讀大學除了充實專業知識，更應培養勇於探索未知、從中梳理解方的「解決問題應變力」。對此，企業設計情境或遊戲式面試，觀察求職者解決問題與團隊合作的能耐。大學教育也應推動問題導向與自主學習的課程，培養經得起現場考驗的人才。

「無動力」大學生

「生涯規劃」這個名詞，大家其實並不陌生。參加大學申請入學時，若學測級數不相上下，面試就成了決勝關鍵，面試的題目不少，卻與「生涯規劃」有關。2019 年學測之後，熟悉面試過程的教授建議考生準備下列問題（陳宛茜，2020）：

1. 為何想進入本科系？
2. 你認為自己擁有什麼條件要我們錄取你？
3. 進入本系後，如果發現與興趣不合你會怎麼做？
4. 進入本系，未來的生涯規劃是什麼？

這些問題屬於直接或間接的「生涯規劃」，準備面試不只是為了答得漂亮、獲得高分，進入夢幻校系。上述問題也是高中職階段「生涯抉擇」的重要事務，應該確實面對；以免選填志願時不知如何抉擇，或進入大學後發現志趣不合。

「生涯抉擇」及「主動學習」對於大學生應是「本分」，但為何有些大學生上課提不起勁、自我期望較低？臺大教授葉丙成曾發表〈停止製造無動力世代，大學考招必須改革〉(2017)，文中指出不少大學生上課或趴或睡或翹課。葉丙成認為臺灣社會不斷製造「無動力世代」，不全是年輕人的錯，而在目前的大學考招制度。他說：

臺灣大部分高中生，心思全放在準備十個學科的考試。根本無心、無力去探索自己的興趣在哪，更沒時間去細細了解大學不同科系到底在讀什麼。……最後往往就聽從父母師長的建議，以對科系的淺薄了解與天真想像，選擇了自以為很適合的科系。……

對科系想像破滅、讀得沒興趣而成績差、轉系卻又轉不出去、又沒勇氣重考。到頭來，越來越多的年輕人被迫留在在原來科系裡過著軟爛日子，只求自己能趕快混畢業。……**必須讓臺灣的高中生真正有時間跟空間，去了解自己的興趣與科系！**

葉丙成建議「在高中畢業前加深加廣幾個相關科目的能力，才篩選進入大學」。這部分有待教育當局研擬課程改革，以落實高中職的生涯輔導。

教育部在「推展在學青年生涯輔導工作方案」（民國103-106年）中發現，近半數大學生認為自己所選的系不符合原先期待，更嚴重的是發現大學所教的知能與產業所需產生落差。如：

民國100年進行青年就業力調查，**顯示49.1%的大專校院在校生表示若重新選擇，將選擇就讀其他科系**，其原因以「性向興趣與所學不符」占64.6%為最高。……民國80年代以後，產業結構變化幅度大，許多新興產業所需之工作職能與傳統產業不同，學校與職場供需產生距離，以致畢業生能力未必符合企業需求，而產生學用落差問題。

為避免考上大學後對所選科系懊悔、上課頹廢，或大學畢業才發現「學非所用」而失業，教育部、勞動部自民國106年起，試辦「青年就業領航計畫」，鼓勵高中職應屆畢業生，不一定要立刻讀大學，可先進職場，透過學習與探索，確立人生規劃的方向。高中職畢業甚至考上大學之後，如果還不確定自己的興趣與志向，可先進職場，之後再決定是否要讀大學，或進大學後再轉系。薪資或補助如「青年教

育與就業儲蓄帳戶方案」所列：

> 申請就業後加入「青年儲蓄帳戶」，可每月獲 1 萬元補助。就業期間並須填報「體驗學習雙週誌」，兩星期一次。
>
> 每月 1 萬元的補助直接存入「青年儲蓄帳戶」，至少兩年，最多三年。為期三年的方案結束，36 萬可一次提領。若想繼續升大學，則可以參加「特殊選才聯招」、「個人申請」、「四技甄選」等入學管道。
>
> 畢業當年已經考取大學並辦理保留入學資格或休學者，可於職場體驗結束後返校就讀如果想要變更畢業學年度錄取的學系，可於學校規定期間內，持職場、學習及國際體驗資歷申請轉系。

據報導（記者許秩維，2019），「青年就業領航計畫」遭到多名立委質疑其成效。因為提供的勞力密集工作不具誘因，每年實際參與者不到千人。高中職畢業生一年約 30 萬人，民國 106 年就業領航計畫目標為 5,000 人，但僅 2,383 人申請，最後媒合 744 人。107 年有 3,083 人申請，媒合 791 人。有些家長擔心教育部向學校宣傳，會影響準備升學的學生。立委則認為這個政策並非鼓勵學生進入職場，而是去職場體驗後再升學；與其如此，不如在技職教育端多鼓勵產學攜手計畫，讓學生與產業接軌，減少學用落差。教育部認為，執行率未達預期，**可能是社會和家長的觀念未扭轉，仍需持續溝通。**

如何強化高中職學生「興趣、性向與能力的探索」？教育部《十二年國民基本教育課程綱要總綱》（民國 103 年發布）規定 4 項議題在高中職階段須單獨設立授課之科目，而「生涯規劃」即為其中一項（另外 3 項為生命、科技、資訊）。《技術及職業教育法》（民國 104 年發布）

當中有更詳盡的規定，如：

　　第 9 條：高級中等以下學校應開設或採融入式之職業試探、生涯輔導課程，提供學生職業試探機會，建立正確之職業價值觀。……高級中等學校及國民中學應安排學生至相關產業參訪。

　　第 11 條：高級中等以上學校（以下簡稱學校）辦理職業準備教育，其專業課程得由學校與產業共同設計，建構合宜之課程安排，且兼顧學生職業倫理之培養與職涯發展、勞動及技術法規之認識，並定期更新課程設計。

　　第 12 條：學校得依科、系、所、學程之性質，開設相關實習課程。

踏實的生涯規劃

　　依據「國中與高中職學生生涯輔導實施方案」（民國 97 年公布，十二年國民基本教育實施計畫子計畫 10「學生生涯規劃與輔導」方案 10-1），生涯輔導之內涵如下：

1. 了解生涯發展

　　個人對生涯發展的關鍵性角色、了解教育與工作／休閒及家庭生活的關係、生涯規劃應考慮的因素、終身學習的重要。

2. 探索與認識自我

　　評估自己的能力／性向／性格／興趣／價值觀等特質、影響未來發展的「助力與阻力」、家庭／社會與經濟等外在因素對生涯發展的影響。

3. 認識教育與職業環境

了解學校教育目標／課程安排／進路選擇與未來工作間的關係、認識不同工作類型內容與各職業所需之能力、了解升學進路與未來就業途徑及應做之準備、了解各行業發展趨勢與未來人力供需概況。

4. 培養生涯規劃與決策能力

了解自己的生涯願景／工作價值觀與生活風格、學習解決生涯問題及做決定的技巧、擬定生涯計畫並能適時有效調整。

5. 進行生涯準備與生涯發展

蒐集／評估與運用生涯資訊、增進人際溝通技巧與時間掌控能力、培養工作倫理與工作態度、認識職場權益／義務。

「學生生涯規劃與輔導」方案實施至今約十年，雖還有進步的空間，但家長的觀念已逐漸改變，不再認為高中比高職好，能鼓勵孩子升學時朝向興趣及出路。近十年來，高職生人數都比高中生多，因為技職教育打下穩定的基礎，升上科技大學後，專業可更精進，較利於就業。根據教育部統計，96 年度到 106 年度全國的高職生人數都比高中生多。2015 年臺灣高職生占比逾五成，勝過義大利、俄羅斯、中國大陸、日本及南韓等地。教育部表示，已開發國家以芬蘭的高中階段技職人才占比最高，約占七成；其次為荷蘭及比利時，各占六成；再來是澳大利亞及臺灣，占比均超過五成。

到了 106 學年度，高中生有 33 萬多人，高職生 36 萬多人，占比變成 48 比 51，兩者落差趨緩。可能因為高中生也可以申請就讀科技大學，讀高中反而增加升學管道的緣故。但這可能不利於高職生升學，因為原本分科教育培養的職業技能，讀科大之後，因為與高中生一同上課而須改變授課內容，無法深化高職時習得的技能。

⚙ **生涯情境模擬**

　　阿倫是個高職畢業生，他很用功，考進了第一志願的科技大學。讀大學後的阿倫，仍然非常積極，總是精神奕奕地參與課堂發表與討論，課後也把握時間多向老師請教，不放過任何學習機會。

　　對於社團活動或同學聯誼，他也充滿熱忱。他的活力與主動，讓老師及學長印象深刻。他去競選學生會的重要幹部，不少與他一樣的大一新鮮人，還誤認他是「學長」呢！

　　雖然脫離了高中職天天考試的生活，上大學後放鬆、玩樂也無可厚非，所以不少大一新鮮人拼命享受自由的時光。但阿倫看到身旁同學上課時睡覺、滑手機，甚至翹課、熬夜玩樂，仍不免十分感慨。雖然他有時會自嘲像個苦行僧，尤其「眾人皆睡我獨醒」、眾人皆玩手機遊戲時，阿倫卻獨自在圖書館找資料，他不禁自問：「誰才是正常的大學生活？」

第三節　善用大學多元學制與資源

　　如今產業分際愈來愈模糊，具備「跨領域專長」，是招募人才的重要考量。所以大學也跟原先的不一樣，走向多元開放學制，如學程、學士班雙專長、跨領域、不分系；已不再「念一個××系」直到畢業了。

突破系所的限制

有人擔憂「跨領域會不夠專精」，其實如今的某些系，也不是很「純粹」了。例如「電機系」的專業選修就分成許多領域，包括：電力工程、計算機工程、電子電路設計、數位訊號處理、電子工程、通訊工程、光電工程跟生物醫學電子等，對應的研究所如：電信所、電子所、通訊所、光電所等。

「學士班」是什麼？例如你選擇就讀工學院的學士班，在大一升大二（或大二升大三）時，可選擇工學院任何一個系「分流」進入，畢業時即有該系的學位。對於不太了解自己興趣的高中職生，可以有更多時間探索自己的志向；不必在高中職畢業前冒險選一個系，發現志向不合再努力轉系。學士班大一時可選修不同系的必修課，以了解自己的志向；也可選擇「不分流」——「兩種專長」就讀，雙專長等於兩個學系各修一半學分，不同於「雙主修」，要修本系 128 學分加另外一個系規定的幾十個學分（假設 67 學分），負擔較重。

修習雙專長等於同時擁有兩個系的學生身分，享有優先選課權。第一專長不只選擇該院的一個系為主修，課程可能分散同一學院的不同系，甚至不同學院。這種仿自國外的制度，讓知識在院系內流通，不再局限於各系之內。學生不再是「念哪個系」，而要問「專長是什麼？」第二專長等同第一專長，只是打破院系限制，不僅限讀單一學系。這種選讀方式也可以自由放棄，假如不想再選第二專長，只把原本的系念完，也沒關係。

如果還不知道自己喜歡什麼，則可試試「不分系」。到了升大二時再「選擇任何一個科系就讀」或選擇「雙專長」。即使後悔了，也可轉系或申請跨領域學士班。

產業的變化很大，沒有一個學系或學院，能完全替你做好準備、

提供所有的就業知能。重要的是「你會什麼？」也就是你要學習不同
領域的知能，然後同時派上用場。如今的大學教育越來越開放，讓各
類知識互相交融、擦出新火花。

由上述學制改革及彈性可知，大學階段仍有機會「再次生涯抉
擇」，以修正高中職不夠完備的「初次生涯抉擇」。也就是說，若高
中職做不到葉丙成教授建議的「在高中畢業前加深加廣幾個相關科目
的能力，才篩選進入大學」。那麼進入大學後，可以運用各類學制及
選修課程，重新評估與確認自己的興趣、性向、能力，找到正確的生
涯方向。

⚙ 生涯情境模擬

> 　　小齊到大學報到以前，系上分配一位直屬學長與他聯絡，
> 指導他如何選課及生活適應（因為小齊住外縣市，所以想住學
> 校宿舍）。他知道學長很早就決定「雙修」，比別人忙很多；
> 而且學長打算到國外的姐妹校當交換生（至少半年），還想爭
> 取國外的企業實習、參與國際志工或打工遊學等。學長目前也
> 有打工，還擔任社團的負責人！
>
> 　　小齊覺得自己很幸運，能遇到這麼「有目標」的學長。雖
> 然學長很忙，卻總是精神奕奕，而且個性活潑開朗。小齊要以
> 學長為楷模，好好規劃自己的大學生活，即使延畢也沒關係。

超越生涯阻力

進行生涯抉擇或生涯決定的過程中，一定會有內外在的阻力，要
如何調適與突破呢？生涯發展阻力如下（參照「生涯發展阻隔因素量

表」，心理出版社，2010）：

1. 意志薄弱

在臺灣社會，個人生涯選擇受到父母、他人影響的情形相當明顯，使學生忽略真正合適的選擇。雖有少數人能立定志向，但往往不能持之以恆或毅力不足而放棄，這時就該想一想：

我的理想是什麼？

我的生涯目標是否投射了他人的期待？

真正適合我的發展方向在哪裡？

哪些因素影響我做適當的決定？

我應該堅持哪些部分？

經過自我反思與自我激勵，重新「生涯定位」後，才有動力大步向前。

2. 行動猶豫

許多人雖有自己的目標，因擔心、害怕或缺乏信心而遲遲無法展開行動。這類「坐而言」不能「起而行」的人，就屬於「行動猶豫」型。應先建立信心，或利用一些策略自我督促，才可有效改善。

3. 資訊探索不足

對於目前社會或工作環境的資訊太過缺乏，或不清楚資訊取得的管道，屬於「資訊探索不足」的一群。應強化資訊收集與理解能力，有了豐富及正確的資訊，才能有效率地做生涯探索。

4. 負面的自我特質

個性積極有主見者，較容易為自己鋪一條適當的生涯發展道路。但有些人過於被動、缺乏主見，或沒有生涯規劃的習慣，抱持著「船

到橋頭自然直」的態度，長久下來極不利於自我生涯探索。

5. 方向選擇未定

有些人對於未來發展的方向很模糊，無法明確地規劃，這是「方向選擇未定」的一群。這時應先多花時間探索自己的興趣、能力，了解社會現況，找到正確方向，才不會做出錯誤選擇。

6. 科系選擇不當

不少大學生由於某些因素進入非期待的科系，屬於「科系選擇不當」的一群。應先給自己一些時間沉澱，再透過其他方法（如做興趣測驗）、與師長討論等，再決定是否轉系、轉學、修輔系、雙學位等。

7. 學習狀況不佳

如果對所處環境的學習狀況不滿意，或自己的學習心態不適當，則無法有良好的學習態度，連帶使未來發展受到負面影響，成為「學習狀況不佳」的一群。這時就需要自我覺察背後的原因，在認知與行動上有所調整。

8. 學習困擾

許多學生因與同儕互動狀況不佳或異性交往的問題，無法全心投入學習。惡性循環的結果，越加無法達成自己的理想成績，是屬於「學習困擾高」的一群。亟需回到根源處，解除困擾，或調整學習的習慣。

◉ 生涯情境模擬

阿橋很矛盾，一邊希望自己更積極，一邊又很厭煩聽從父母師長的建議。自己的前途為什麼不能由自己決定？但真要交由自己安排，阿橋又開始惶恐，對於理想、目標、發展方向仍不太清楚，甚至想要逃避做出選擇。

每次聽到父母的「勸告」，阿橋就想反抗。但又擔心自己「為反對而反對」，反而做出錯誤的決定、失去人生奮鬥的目標。

每次跟父母談到自己的生涯目標，父母就提出一些反面甚至反對的意見，這時還要堅持下去嗎？應該堅持的是哪些部分？或索性不要跟父母說，先自我嘗試，一切後果也自行負責。

 ## 生涯規劃資源

1. **歌曲**：五月天的《頑固》及 MV

梁家輝在 MV 裡飾演的角色原型，來自交大機械系教授吳宗信。吳教授一直有太空夢，想製作火箭發射到太空，因此他與一群也有太空夢的學生組成「前瞻火箭計畫」(ARRC)。

政府提供的經費有限，於是他們在網路上募資。MV 出來後，ARRC 也在他們的臉書上轉貼，並引用《頑固》的歌詞，表示他們不會放棄太空夢，要讓大家回想起心中那個頑固的自己。如歌詞：

一次一次你　吞下了淚滴　一次一次　拼回破碎自己
一天一天你　是否還相信　活在你心深處　那頑固自己

2. **心理測驗**：生涯發展阻隔因素量表（第二版）
（心理出版社）

出版日期	2010 / 07	測驗功能	協助生涯探索
管制等級	B	適用對象	大專學生
施測時間	15 分鐘	施測方式	電腦閱卷、個別施測、團體施測
修訂 / 編製者	陳麗如編製		
編製 / 修訂者簡介	陳麗如老師從十五年來的生涯輔導工作經驗、個案的實際反應，以及近年來的相關文獻修訂完成本量表。		
測驗功能介紹	1. 幫助受試者覺察阻礙自己生涯正向發展的各項因素。 2. 協助個案面對並克服其困難及阻礙，獲得較好的生涯發展。		
測驗內容介紹	共 77 題，包括九個阻礙生涯發展的因素與兩題了解受試者學習、就業定向狀態的題目，內容包含： 1. 方向不明　　4. 堅持不足　　7. 猶豫行動 2. 信心不足　　5. 發展阻撓　　8. 科系困擾 3. 學習干擾　　6. 意志薄弱　　9. 決策干擾		
常模 / 信效度說明	共抽取 1051 位大專學生（分布於臺灣北、中、南、東），提供受試者依性別、年級之平均數及標準差做參考。內部一致性係數介在 .71 ～ .95 之間。間隔三週之重測信度介在 .62 ～ 80。本量表從質性處理蒐集題項、經由專家審查、預試施測、項目分析到因素分析，過程嚴謹，使本量表具有不錯的內容效度表現。		
計分解釋	依題目之正負向計分，所得分數越高，代表該阻隔因素越明顯。		

第 **2** 章 生涯／職涯的潮流與定見
──找到自己的生涯目標

傳統上，有了高學歷再加上積極進取的態度，在職場上一定可以出頭天。若沒有傲人的學歷，只要耐操、耐磨，仍然可以成就一番事業。

而今，即使擁有很好的文憑，也肯努力付出；因高學歷者眾、勞動參與率提高、退休年齡延後、經濟發展或景氣不好等因素，使得職缺變少、競爭加劇，謀職及職場適應都更加困難。

我們若因這些不利因素而繼續「被動」地觀望與等待，就會跟不上時代腳步、達不到職場要求，也找不到合適的職位，甚至會被職場淘汰。

「生涯／職涯規劃」不僅是即將就業的大學生、研究生等社會新鮮人要關心及準備，各年齡層的工作人也一樣要重視。若不夠了解產業變遷與職場潮流、無法確立自己的生涯目標與職業傾向，就無法找到適合的工作，不能提升生活幸福感。

第一節　生涯／職涯的迷思與不安

國中「綜合活動領域」課程多次提及「生涯規劃」，高中職也單獨開設「生涯規劃」科目，所以我們應該對於自己的未來，已有一番「定見」。但，真是如此嗎？我們與夢想的距離還有多遠？

高中職階段以「考上名校」為唯一目標，但到了大學快畢業、真要「面臨」就業時，才開始茫然該如何找工作。如何可以順利展開職業生涯？有些人認為「當了爸爸以後，才學著當爸爸」還來得及。甚至樂觀地認為，「當了爸爸以後，自然會當爸爸了」。可惜，職場並非如此（當父母也不這麼簡單），它的廣度及深度與課本所告訴你的相距甚遠。若不及早準備，職場將給你重重一擊。不僅使你多走冤枉路，甚至在跌倒後很難再爬起來。

生涯／職涯的迷思

不少人對於「生涯規劃」只希望知道結果，想跳過不可預測、類似闖關遊戲的過程。就像算命或運勢預測，列出不同生肖或星座今年或今天運勢，要注意什麼，穿什麼顏色的衣服或往哪個方位行進。只

要按照這些指示去做，不想費心「思辨」。但生涯或職涯規劃真有那麼簡單嗎？其中不少模稜兩可、個別差異的部分，不少人害怕要自己做決定及負責，他們會說：

「看了我的履歷，你會建議我從事什麼工作？」

「不要告訴我那些生涯規劃的常識，我都知道。直接告訴我哪裡有工作？怎樣可以賺到錢？」

「工作就是工作，為了活下去，不喜歡也要做！哪可能做自己喜歡的工作？」

「工作與生活是完全不同的層面，哪可能選擇自己喜歡的工作？怎麼將工作與生活合而為一？」

「從小到大我的功課都是第一名，沒什麼事我做不到。不要看不起我，只要我想做，一定能做到最好。」

由上述說法，可看出生涯／職涯的「迷思」，如：

1. 只要善於製作履歷，就能被錄取。

以為就像大學申請入學，順應面試官的想法，「有技巧的」準備書審資料（學習檔案），即可被錄取。以為只要製作完美的檔案，就能給人很好的印象；卻不了解職場真正的需求，以及自己是否具備足夠的條件。

2. 找不到工作，一定不是我的問題。

有些人自認功課很好就等於能力很強，工作表現也會「高人一等」。若被暗示表現不好，甚至指出無法勝任時，不會先自我

反省，而是認定業界苛刻或主管未盡指導之責（不教而殺謂之虐）。自己只是懷才不遇，甚至是受害者。

3. 生涯／職涯規劃的課程，都是無用的知識。

認為職涯與生涯規劃，只是講大道理，真實的狀況是人生不可能按自己希望的樣子走。工作與生活一定要分開，工作是為了賺錢過日子，是被強迫去做。萬一碰到無良企業或雇主，只能自認倒霉或乾脆辭職。但生活是自己的，與工作根本是兩回事。

4. 生涯／職涯大都掌握在別人手裡。

要有怎樣的職業或工作方式，不可能由自己安排。對於職業不要過於理想化，還是務實些較好。成功只屬於那些有背景的人，平凡或貧窮者很難翻身。所以，不要有期望就不會有失望。

抱持上述悲觀或宿命論者，很難好好生涯規劃。因為生涯規劃不是變魔法或看籤運，夢想能否實現，不僅在於才能，更在於遇到痛苦、挫折時能堅持到底。值得投注的夢想往往很困難，不怕麻煩才可能實現，這些也是生涯規劃時必須學習的「心理技能」。可惜多數人在看不到前途、看不清狀況時，就以為永遠不可能改變而「選擇」放棄。情願留在「舒適圈」享受「小確幸」，「逃避比面對來得容易」；這種不合理的信念，阻擋了生涯規劃的學習。

生涯／職涯為什麼需要「規劃」？是為了「以規劃掌控變化」。一方面要了解自己的才華、天賦、潛能、興趣、專長、特質等，找到可以發揮、屬於自己的獨特舞臺。例如你想成為醫師、律師、教師等專業人士，還可以有不一樣的工作型態，像是鄉村醫師、人權律師、偏鄉教師等。或你想從事非主流或冷門行業，包括創造新行業等。生

涯成功的要件，還包括你能否抵擋社會價值觀及多次的失敗。

再者則是要有實現夢想的「細部計畫」，設法增加成功的條件，否則就會變成「空想」。當中包括排除路程中的阻力，在困難中能「自我激勵」。還要增加助力，找到支持你的人脈與建立團隊（良師益友、提供你表現機會的伯樂）。

生涯／職涯的不安

有時，再怎麼努力也不能依照自己的期待發展，例如外在環境的重大負面影響，這時要如何應變與突破？小則要適應企業主或產業的要求，大則須因應政治、經濟的情勢變化，甚至是天災人禍等不可預測的因素。

例如，2020 年初，從中國武漢市開始爆發的新冠肺炎 (COVID-19)，造成極大規模的人命與財物損傷。封城、禁止出入境、延後開工等措施，直接、間接影響許多產業的發展及存亡。油價與股市重挫、國內生產毛額減少等，不少行業的損失超乎想像。之前有過類似慘痛經驗的業者，甚至以「最嚴重的一次」來形容。

這些或大或小、不一定能掌控的變局，正是對工作人的意志及抗壓的重大考驗，也是生涯規劃當中需要預料及準備的地方。「見怪不怪，其怪自敗」、「處變不驚」、「臨危不亂」、「識時務者為俊傑」、「大丈夫能伸能屈」、「危機就是轉機」等，要具備這些屬於「危機處理」、「問題解決」、「融會貫通」的能力與心理特質。

🧠 生涯情境模擬

先找到自己想走的道路　　學生記者 政大研究生 王庭恩 報導

80、90 年代以後出生的人，注定低薪、難找工作、買不起房子、養不起孩子嗎？機會都到哪裡去了？是被上一代剝奪了嗎？

其實處處都是機會，但必須先找到自己想走的道路，才有辦法過想要的生活。我很喜歡蔡康永對於成功的定義：你過著真正想要的生活，那就是成功。他解釋這個定義的時候提到：人們總說想要一份錢多、事少、離家近的工作，但你真的想要那種工作嗎？你不會覺得沒成就感、覺得在騙錢嗎？

我同意他的看法，我不相信那種只有玩樂的生活會讓人真心喜歡。所以找到真心想要的目標，然後努力追求，自然就會看到過去忽略掉的機會。

至於要做怎麼樣的工作、該不該買房子等抉擇，其實都應該先了解客觀的訊息，再用自己的價值觀去分析，什麼才是對自己最好的決定。舉例來說，擁有一間房子可說是華人的文化習慣，但我們應該先對自己有所了解，才能知道要買哪裡的房子。

喜歡住在熱鬧的市中心還是寧靜的郊區？市中心的房子通常比較貴，坪數比較小，但交通方便；郊區的房子則相反，總價可能比較便宜，房子也比較大，但每日通勤得花不少時間。所以你得先了解自己在乎的是哪個面向，才能做決定。又或者

其實你的個性喜歡嚐鮮，不喜歡總是住在同一個地方；比起買房子，租房子是更好的選擇。

因此，還是回歸最初的答案，徹底地了解自己，用自己的價值觀來決定想要的生活，定義自己的成功！

第二節　生涯／職涯成功的條件

職涯與生涯的關聯為何？學校的生涯輔導，最初只談「職涯發展」，也就是為職業做準備與繼續教育，較少擴及完整的「生涯」。但，工作不僅為了經濟獨立、賺取薪水以支付生活所需，也包含追求生活品質、實現理想人生。尤其是在離開學校之後，「工作」幾乎占據生活的大多時間。生涯、職業、生活型態這三者，開始緊密相關。若不能完整結合，可能誤以為職涯代表全部，一旦不滿意自己的工作，也會影響生活的品質。反之，若能依想要的生活型態來選擇職業，則能同時提升對職業及生活的滿意度。

生涯與職涯的關係──從工作價值觀了解生涯目標

工作的意義為何？除了是賺錢的方法，也是一種「社會參與」及「自我實現」。「生涯規劃」不僅考慮小我的「快樂」，也要擴及大我的「使命」。例如演說、辯論能力強的人，除了當律師或政治家，也適合談判、協商、人事諮詢等工作。另外還有一個職業選項──慈善工作（社會企業、非營利組織），募款時需要說故事的好口才。依此類推，文筆好的人可擔任作家、廣告、企劃，而教育工作也需要「好文案」、「好教案」，是另一種職業選項。

　　工作的意義有其個別差異，顯現在「工作價值觀」上。不同的工作價值觀，產生不同的職業選擇、生活方式及人生發展。工作價值觀可分為三類 15 項 (Super, 1970)，如下列：

A. 內在價值：利他主義、獨立性、美的追求、創造力、生活方式的選擇、智性的刺激、變異性。

B. 外在價值：成就感、安全感、聲望、經濟的報酬。

C. 附帶價值：管理的權力、工作環境、與上司的關係、與同事的關係。

　　各向度的內容主要如下：

1. 利他主義：能使你為他人或社會大眾服務，盡一分心力。

2. 美的追求：能使這個世界更美好，增加藝術氣氛。

3. 創造力：發明新產品、設計新事物或創造新觀念。

4. 智性的刺激：能提供獨立思考、學習與分析事理的機會。

5. 成就感：得到做好及完成一件工作的成就感。

6. 獨立性：能以自己的方式及步調進行工作，不受控制或阻礙。

7. 聲望：使你受到別人的重視與尊敬並廣為人知（不僅指地位或權力）。

8. 管理的權力：策劃及分配工作給其他人，能影響或控制別人。

9. 經濟的報酬：能獲得優厚的報酬，使自己有足夠的財力獲得想要的東西。

10. 安全感：有保障，有安全感，免於意外或不愉快。

11. 工作環境：在宜人的環境工作，不是太熱、太冷、太吵或太髒。

12. 與上司的關係：與上司能平等且融洽的相處。

13. 與同事的關係：能接觸令人愉快的同事，且相處融洽。

14. 生活方式的選擇：能過自己想過的生活，生活不受工作干擾。

15. 變異性：不是一成不變，可嘗試不同的差事。

上述向度對個人的重要性，從 1 排到 15（1 代表最不重要，15 代表最重要），就能知道當你選擇工作時，自己重視或不重視的地方；然後把各項工作能提供的重要程度做個比較，就知道這些工作適不適合你。

「青年工作價值觀量表」（2013，行政院青年輔導委員會委託南臺科技大學李坤崇教授等人編製），協助青年在生涯規劃時能了解自己的工作價值觀。測驗包含 8 項工作價值觀，各向度的內容如下：

1. 超越價值：不斷創新與創造，增進社會福祉，及追求工作意義、倫理與美感。

2. 實現價值：實現人生目標，符合個人興趣與專長，以及提升生活品質。

3. 成長價值：獲得自我成長，適切升遷，及面對挑戰與競爭。

4. 尊重價值：滿足個人成就感與自主性，贏得聲望與發揮影響力。

5. 組織價值：服務於形象、制度與物質環境良好的組織。

6. 人際價值：擁有良好的上司、部屬與同儕人際關係，以及人際互動。

7. 安全價值：獲得穩定、安全並免於焦慮。

8. 舒適價值：擁有良好薪水福利、交通與休閒健康。

「工作價值觀」有其個殊性，所以，不需要與人比較，也無法比較，例如薪水與福利保障等「安全、舒適」的價值，對每個人的重要性就不同。有些人選擇的職業不僅沒有穩定的收入，甚至沒有退休金，他卻甘之如飴。因為他更重視的是「超越、實現、成長、尊重」等價值，即使工作時間很長，甚至沒有退休的一天，他也無所謂（例如神職人員或非營利組織工作者）。工作價值觀也影響個人的退休規劃，有些人在中年退休，之後或遊山玩水或成為志工、再創新事業等。

成功生涯／職涯的準備

就算你找到自己的興趣及志向，你的天分與表現也比一般人優秀，這就保證謀職順利、勝任愉快嗎？倪安宇與丁世佳兩位專業翻譯作家，曾撰文〈給有志翻譯者的備忘錄〉(2020)，提供想入行者一些建議。

倪安宇說自己到義大利念書時，語言從零開始。雖然課業讀來十分吃力，餐廳打工的表現更差，但自我檢視後發現「語言、文字是興趣，是強項，也讓我最感到自在」。

於是她整理了四個短篇翻譯作品投稿，獲得了報社採用，後來全書出版，從此踏上翻譯之路。

丁世佳說，大三那年因為看了很多翻譯小說，覺得自己也可以翻譯，於是寫信到出版社「毛遂自薦」。後來由於自己的興趣廣泛，除了書籍翻譯，也做過電視新聞、影片字幕、商業評論、電玩遊戲等的中英互譯及口譯。後來為了打日本的角色扮演遊戲，便自學日文，並接了第一本日文小說《告白》的翻譯，結果大賣。

翻譯有門檻嗎？倪安宇與丁世佳都認為不僅要外文好，中文程度也要超過一般水準。至於翻譯工作的苦與樂，倪安宇提醒「要有熱情，才能每天在電腦前耕耘十多個小時」。丁世佳也說：「翻譯是一種孤

獨的行業，如果不善於和自己相處，耐不住寂寞，做不了翻譯」。兩人一致同意，翻譯非常耗費精神及體力，以此為業，實在不容易。

或者你喜歡畫漫畫，日後想投身漫畫產業，也可先聽聽漫畫創作者的經驗 (HOM，2020)：

會畫畫的人非常多，……因為要將它當作職業，並且長年持續創作下去，**不是只要會畫畫就夠了，關鍵要素有二：一，要能承受收入不穩定的生活模式；二，要有持續燃燒的小宇宙。**

漫畫家提醒你，不論創作的快樂再多，還是先須照顧好自己的生活。沒有健全的心力，就無法支持內心的想法並實踐。

看到上述的職場經驗談，對於自己設定的職業目標，你覺得具備該行業的人格特質嗎？有時夢想只是夢想，不適合就要妥協或放下；一味「倔強」，恐怕只是自我安慰、事倍功半。有人對夢想執著不放，其實根本不了解自己，結果只是蹉跎光陰。若不能靜下心來好好分析，就很難找到適合自己的道路。

轉換夢想是非常正常的事，小時候寫作文「我的志願」時，純粹只是夢想。因為還不了解自己的特質與能力，還不清楚各行各業的職場生態。但長大後若仍不知變通，只剩下自我埋怨與自我懷疑，就沒辦法讓天賦發光。

🎓 生涯楷模

　　新海誠是日本知名的動畫家和電影導演，2002 年，他獨立製作動畫短片《星之聲》，開始受到矚目。此片他包辦全部工作：導演、劇本、演出、作畫、美術、剪輯，連貓都是他親自配音。2016 年，動畫長片《你的名字》賣座，成為繼宮崎駿之後，第二位達成百億日圓票房的動畫導演，有「新（世代）宮崎駿」之稱。

　　2019 年，新片《天氣之子》的票房突破 121 億日幣。日本影史共七部票房破 100 億的動畫電影，其中宮崎駿有五部：《神隱少女》、《霍爾的移動城堡》、《魔法公主》、《崖上的波妞》和《風起》，新海誠有兩部。

　　新海誠在大學時攻讀日本語文學專科，「寫小說」成為新海誠表述動畫作品的一大利器。推出動畫之前，他先出版故事小說，《你的名字》與《天氣之子》都是如此。替電影爭取更多訴說的醞釀時間，也開拓視覺以外的文學情境。

　　新海誠的父親是大型建築公司的老闆，身為長子的他從小就被家裡視為接班人（新津組第四代傳人）。但他拒絕到父親介紹的建築公司工作，而到附近的遊戲製作公司上班。受到媽媽的影響，新海誠從小就接觸很多日本古典文學。為了提高自己構思故事、展開情節的能力，他把動畫作品改寫成小說。新海誠還為自己的作品之主題曲作詞，如《雲之彼端，約定的場所》。

　　動畫電影中的畫面，為了達到最真實的視覺效果，他反覆計算光影角度、調整對比度，把湖面調得更藍更耀眼，只為了表現「清早更清澈的空氣」。

第三節　大學階段對「前途」的擔憂與解套

　　現今大學生在面對自己的前途時，會擔憂什麼？是否覺得自己受到太多束縛？如升學制度、家庭與社會的期待，加上外界的阻力不少，如低薪、就業機會減少、經濟蕭條，會否減損前進的動力，使夢想日漸萎縮？

⊚ 生涯情境模擬

我對「前途」的擔憂　　　學生記者 政大大學部 卓欣誼 報導

　　大學生不知道或不敢成為理想中的樣子嗎？不想規劃未來嗎？這是目前臺灣的大學生、研究生普遍的現象嗎？

　　大學以前，我疲於應付課業以滿足家庭、社會的期待，不能洞察自己真正的興趣所在。選擇大學也盡可能符合社會標準，哪所大學的評價高、什麼學系較熱門，就是優先考量，卻忽略了自己真正的嚮往。

　　假如我們出生時都擁有一對翅膀，升學制度及社會環境便是一條鎖鏈，限制了我們自由飛行的本性。讀大學、研究所之後，雖然少了禁錮，但其實已失去飛行的能力。

　　學校及家庭的保護成了我們的溫室。因為害怕外頭的風雨，多數人選擇繼續待在舒適圈。這使我們趨於安樂、害怕風險、恐懼未知，做決定時傾向保守，只想和他人有相同的選擇，不想為自己的失敗負責。至少和他人處境相同，不會太過孤單。

　　就業機會在哪裡？企業不願意給高薪，找工作的人不願意放下身段。我們的教育花了太多資源培養高等教育人才，卻也

> 限縮了社會大眾的思想及出路。太多人不願跨出去，不與社會、
> 國際接軌，導致就業機會窄化。
>
> 　　或許就大環境而言，我們不像上一代擁有許多機會，要付
> 出更多努力才得以靠近成功一小步。但仍有許多年輕人秉持著
> 熱忱與賣力耕耘，即使家人、朋友不看好，最終還是創造屬於
> 自己的未來。

職場變遷示例之一：「斜槓青年」

　　據教育部「推展在學青年生涯輔導工作方案」（民國103-106年）：

　　　生涯規劃歷程包括自我探索、有組織與系統性的資訊蒐集，
具體思考生涯規劃，以及做生涯決擇等。完整記錄學生每個階段
的學習歷程，更描繪適合自己的生涯藍圖。

　　教育部從國中、高中職到大學，均設法協助學生建立生涯檔案。
依此學習歷程，大學畢業前應可對自己的生涯／職涯藍圖有清楚的描
繪。但為何還是有人茫然、退縮？除了不夠了解自己之外，也包括摸
不清職場變遷的方向。例如，最近「斜槓青年」的職業新趨勢，就是
從傳統「自由業」（freelance，自由工作者）所衍生。

　　自由業的職業型態是指不隸屬任何公司，或不和特定公司簽訂專
屬契約。派遣職員因為和派遣公司簽訂契約，所以和自由職業有別。
現在的自由職業較無特定領域，可包括：作家、記者、撰稿人、漫畫家、
插畫家、動畫師、程式設計師、演員、主持人、配音員、翻譯、口譯等。

　　自由職業者可按照自己的意願安排生活，但必須有很強的自制力；

否則不規律的生活作息，對精神和身體都是很大的耗損。有些人意志力較薄弱，未必能成功挑戰自己。所以較為懶散、生活不積極的人，少了主管和同事的監督、有了太多自由之後，就容易把時間消耗在不必要的猶豫中。例如該早起還是多睡一會？馬上完成工作還是等晚上再處理？容易導致工作效率低下、日後工作壓力陡增的窘境。

自由職業者的心理壓力也很大，主要是收入不穩定、養老及醫療保險都要自己買、擔心錢不夠用。所以**自由職業者要有更強的情緒管理能力，要多從事休閒運動及其他能保持正向情緒的活動。**對於成敗要看淡，懂得如何自我激勵、自我提振，擁有明確的生活目標。

因應世界的社會與經濟變遷，正職工作者也可在非上班時間成為自由職業者，使用各種接案平臺增加收入。因為每個自由工作者的專門領域不只一項，因而衍生出「斜槓經濟」(Slash Economy) 一詞。並非每個人都適合「斜槓經濟」，與自由工作相同顧慮的是：**有些人自律不足、工作效率不高，就無法兼顧正職與兼職，甚至會拖延工作（包括正職與兼職）。**

據報導（林秀姿、吳思萍，2018），斜槓青年在國外喊得震天響，臺灣也鼓勵年輕人發展多元職能。然而，臺灣青年的失業率卻是國人平均失業率的三倍，位居世界第二。三十五歲以下年輕人的收入，更倒退近二十年，多數年輕人過的是「不得不斜槓」的低消費生活。主計總處發布薪資統計，2019 上半年總薪資年增率僅 1.61%，為近三年同期最低；上半年實質經常性薪資，平均每月 4 萬 0743 元，不及 2004 年 4 萬 0803 元，倒退十五年。

薪資結構對「斜槓」現象，具有一定程度的影響。斜槓之所以被鼓勵，是因為有機會賺取更多收入。興趣加上行動，才是「斜槓」的關鍵。**如果你不願學習或接觸新事物，大概不會有太多機會做「斜槓」。**

　　「斜槓」一詞源自英文 slash，出自《紐約時報》專欄作家 Marci Alboher 的著作《雙重職業》，意指年輕人不再滿足於單一職業的工作模式，轉而選擇多重職業的生活。海外的斜槓青年，多半身兼不同職能發展的興趣，例如一邊開書店，一邊擔任攝影師或健身教練，不需放棄正職穩定的收入。臺灣的斜槓青年呢？他們是可能立法院助理／研究員／翻譯，或寵物美容師／ YouTuber ／廚師助手。若不當斜槓青年，就必須過省吃儉用的生活。

　　不少年輕人一踏入社會就負債（學貸），讓可支配的所得減少。為了增加收入，兼職開 Uber、當保全人員、接外包專案、送外賣等，但有時會影響第二天工作的體力與精神，使專職工作的表現不符雇主的期望，甚至影響到正職的未來發展。這樣的兼職，是否使人左右為難甚至得不償失？

　　有意挑戰多元職涯的年輕人，必須有自知之明。「斜槓」是循序漸進的，**先好好耕耘自己的專業領域**，**再來找其他職涯發展的機會**。要先做能夠累積專業的工作，才能開拓其他相關的斜槓工作。別急著當「斜槓青年」，累積足夠經驗、提升專業能力，再去尋求其他發展。

　　數位時代僱用人力只會越來越精簡，所以，讓自己具有「多功能」，是必備的職場競爭條件。**兼職是一種對未來生涯與職涯的儲備，前提是必須「主業很強，再去兼職」**。

　　大學時代宜開始發展多元職能，例如：

1. 參加社團活動且擔任重要幹部，增強企劃及舉辦活動、領導與溝通、團隊合作等能力。

2. 爭取赴國外姐妹校當交換學生的機會，不僅可提升外語能力，也讓自己具有國外經驗更有國際觀。

3. 考取專業技能證照，是增加收入的關鍵。

所以，大學階段及早思考和準備如何成為「斜槓青年」，使未來可以有更好的收入。

🎓 生涯楷模

　　劉軒是心理學家、作家、DJ、廣播電臺節目主持人、音樂工作者，他的父親是劉墉，著名的作家及畫家。八歲時他隨父母移民到美國，高中就讀紐約市史岱文森高中，也曾在紐約朱利亞德學院主修鋼琴與作曲，後來在美國哈佛大學取得心理學學士、教育碩士及心理學博士學位，二十九歲那年返回臺灣，從事廣告、媒體、音樂、出版等創意產業工作，還擔任許多公司的品牌顧問、活動主持人及 DJ。長達七年的廣播節目《藝術好好玩》，四度入圍廣播金鐘獎最佳藝術文化節目主持人。

　　近年，劉軒致力於推廣「實用、生活化的積極心理學」，幫助社會大眾在科技的萬變中找回幸福人本。2015 年，劉軒參加了北京衛視演說比賽節目《我是演說家》第二季，憑著幾個心理學演說，最終獲得總冠軍，成功打響知名度。

　　他還出版了：《顫抖的大地》、《屬於那個叛逆的年代》、《尋找自己》、《從跌倒的地方站起來飛揚》、《心理學如何幫助了我：享受美好人生的八堂生活課》、《大腦衝浪：你只需要一點心理學，衝破人生僵局！》等十多本書籍，也有多本翻譯作品。

生涯規劃資源

心理測驗：工作價值觀量表 (Work Values Inventory, WVI)

　　行政院青年輔導委員會委託吳鐵雄、李坤崇、劉佑星、歐慧敏編製的本土化「工作價值觀量表」(1995)，適用大專生與大專畢業在職人員。共七個分量表，分別為：

　　1. 自我成長取向

　　2. 自我實現取向

　　3. 尊嚴取向

　　4. 社會互動取向

　　5. 組織安全與經濟取向

　　6. 安定與免於焦慮取向

　　7. 休閒健康與交通取向

　　量表的主旨，在協助受測者了解自己的工作價值觀，以順利進行生涯規劃與職業選擇。

第3章

生涯／職涯的「導航地圖」
——化未知為已知、茫然為清晰

　　「生涯規劃」與 Google 地圖的「道路導航」，可以相比擬嗎？相似之處是，到達人生目標也需要方向正確的「路線圖」，不能「天馬行空」、邊走邊找路。相異的是，Google 地圖依不同交通工具來規劃，路線較固定、有限、沒有多大變化。但生涯規劃卻有很大的個別差異，路途當中有不少「意外」的變數，須靠自己來「隨機應變」及「選擇」下一步。甚至無法如 Google 的導航，「確定」能抵達目的地。

第一節　自己的生涯地圖

生涯規劃的「個別差異」是指，對某些人「不適合」的目標，另一群人卻覺得「如魚得水」。對某些人「不可能的任務」，另一群人卻樂於接受挑戰。所以，每個人都該有一張自己的「生涯地圖」。

抓住希望、達成目標

雖然讀書、考試很苦，我遇過一位企業家學生，在四十歲以後還來讀大學，一方面是為了讓自己早年的失學重新圓夢，另一方面也是「以身作則」，給兒女示範良好的求學態度。

有人在八十歲以後攻讀博士學位，最有名的例子是金庸，他在香港創辦《明報》，對文化與社會很有貢獻，所以臺、港、澳等多所大學頒贈給他名譽博士學位。2005 年，英國劍橋大學也贈予榮譽文學博士學位，但高齡八十一歲的他，深感自己所學不足，決定與一般外籍生一樣，申請進入劍橋大學、住學生套房。2006 年取得劍橋大學歷史學碩士學位，2010 年再獲歷史學博士學位（八十六歲）。2009 年他還以遠距方式，就讀北京大學博士班，九十歲取得中文博士學位。金庸已於 2018 年（九十四歲）病逝，但他的典範永遠流傳。

創業則更不受年齡限制，不論三十、四十、五十、六十、七十歲，只要你不認為自己老化、保守、僵化，就可以自我突破。最近看到不少六十歲以上的導遊、領隊，他們雖然從事需要體力及受天氣考驗的工作，卻表現得十分稱職；情緒上更加穩定，在細節上顧慮得更加周全。

生涯楷模

　　日本《島耕作》系列漫畫作者弘兼憲史，在小學時因為愛看手塚治虫的漫畫《原子小金剛》，因此一心想成為漫畫家。早稻田大學法律學系畢業後，先進入松下電器產業廣告宣傳部工作。進了大公司就等於一輩子有保障，但他在三年後仍決定離職，發表自己的漫畫作品。

　　1983 年他創作《課長島耕作》系列漫畫，主角「島課長」一路高升，歷經部長、董事，在 2008 年坐上社長位子。《島耕作》系列在全球銷售突破三千六百萬本，在臺灣也有上百萬讀者。

　　弘兼憲史因為自己曲折的圓夢過程，所以建議年輕人：「可以迂迴前進，但不要放棄夢想。」從與夢想相關的工作做起，錢賺少一點沒關係，等待機會再朝理想邁進，不要怕冒險或失敗。

　　弘兼憲史獲獎無數，1985 年《人間交叉點》獲得第三十屆小學館漫畫獎，1991 年《課長島耕作》獲得第十五屆講談社漫畫獎，另外還獲得文化廳多媒體藝術節漫畫類優等獎、日本紫綬勳章等。

　　他的工作相當多元，漫畫之外還有寫作、廣播、專欄等，卻都表現得十分優異。

　　畢業季，當大家互祝「前途光明」時，內心是否其實是「前途茫茫」的感慨。人人都想過著有希望的生活，尤其受到挫折時，更需要抓住「希望」。2020 年獲得金球獎及奧斯卡金像獎「最佳女主角」的演員，

是扮演「茱蒂」(Judy) 一角的芮妮‧齊薇格 (Renee Zellweger)。

　　茱蒂‧嘉蘭在十八歲時以《綠野仙蹤》桃樂絲‧蓋爾一角，成為家喻戶曉的童星。插曲《彩虹之上》(*Over the Rainbow*)，被美國電影學會評為「電影歌曲之首」，歌詞就在詮釋「希望」，如：

Somewhere over the rainbow, skies are blue

（在彩虹之上是藍色的天空）

And the dreams that you dare to dream really do come true

（只要你勇於夢想它終會實現）

Somewhere over the rainbow, blue birds fly

（在彩虹之上有青鳥飛翔）

Birds fly over the rainbow

（鳥兒能飛越彩虹之上）

Why then, oh wht can't I?

（那麼為何我不能？）

　　「希望感」是個人目標與夢想能否實現的知覺，其定義為（唐淑華，2010：22）：

　　　　一種認知的思考歷程，在此思考歷程中，根據先前所設定的「目標」，反覆推演計算自己是否具有足夠的「方法」來達成目標，以及自己是否有足夠的「意志力」去運用方法。

　　「空想」或「立志」並不能實現目標，達成夢想還需要「方法」及「意志力」。後者就需要外在的「生涯教育」，以及內在的「自我反思」。

探索性向、培養專長

報載（吳佩旻，2018a），技職教育近來受到重視，與國民中學開始落實「適性輔導」有關。大學階段多元入學制度鼓勵學生不只關注學業成就，還要強化個人專長及多元表現。於是**現代父母改走務實路線，願意放手讓孩子發掘性向、培養一技之長。**

國中升高中職「就近入學」的比率越來越高，不再拘泥一定要讀明星高中。部分原因是大學階段的繁星及申請入學等制度，讓高中職開始留意升學不光是靠學業成就，還要注重多元表現。高職生參加全國技藝競賽獲得佳績，就有機會錄取較好的大學。

每個人的興趣、性向、嗜好、專長不同，「天生我才必有用」，世上必有屬於你的舞臺。如果不夠了解自己，可以到校內外心理及就業輔導單位，有許多性向測驗、興趣測驗等客觀工具可以施測。

高中職至成年人可進行之生涯發展及規劃的心理測驗如下：

1. 職業興趣組合卡

依據何倫 (John L. Holland)「類型論」（實用型、研究型、藝術型、社會型、企業型、事務型），編製成各項職業卡施測時，分成「喜歡」、「不喜歡」、「不知道」三組。在喜歡的職業卡中，按順序挑出六個職業，進行何倫碼的計算，就可以測出個人的職業興趣組合。

2. 多向度性向測驗組合

此測驗不僅可做為高中選組之依據，也利於升學、就業輔導及公司人才的甄選。可評估個人在八種不同能力上的相對優勢，如語文類推、機械推理、電腦能力、數學推理、抽象推理、電學知識、文句重組、資料核對。

3. 中學多元性向測驗

做為國中、高中階段生涯規劃與教育輔導之參考，可評估個人八種不同能力的相對優勢，如語文推理、數學能力、科學推理、知覺速度與確度、空間關係、抽象推理、字辭釋義、文法修辭。

4. 華人工作適應量表

可評量有工作經驗者的工作適應程度，協助企業遴選人才、了解在職員工的工作適應情形，也可為畢業生進行就職前輔導。包含五個分量表，如能力效率、工作態度、工作滿意、內控嚴謹、彈性主動。

5. 成人生涯認知量表

探索個人生涯認知態度與工作適應之間的關係，包括工作投入、自我效能、生涯阻礙、認知複雜度等四大項。

6. 多元智能量表

分析個人的優勢與弱勢特質，協助學生自我探索和適切地生涯規劃。可測得九種智能，如語文、數學、空間、音樂、動覺、知己、知人、自然、存在等，依測驗結果找到適合自己的職業類別。

A. **語文智能**：有效運用口頭語言或書寫文字來表達與溝通的能力，適合職業為律師、演說家、編輯、作家、記者等。

B. **數學邏輯智能**：用來解決數學和計算問題、平衡收支、進行數理邏輯證明的能力，職業傾向為數學家、會計師、統計學家、科學家、電腦程式員或邏輯學家。

C. **空間智能**：準確的感覺視覺空間，並把知覺到的事物表現出來的能力，適合職業為嚮導、獵人、室內設計師、建築師、攝影師、畫家等。

D. **音樂智能**：察覺、辨別、改變和表達音樂的能力，包括對節奏、音調、旋律或音色的敏感性。適合職業為歌手、指揮、作曲、

樂隊成員、音樂評論、調琴師。

E. 肢體動覺智能：善於運用整個身體來表達想法和感覺，以及運用雙手靈巧的生產或改造事物的能力。適合職業為演員、舞者、運動員、雕塑、機械師等。

F. 人際智能：察覺並區分他人的情緒、意向、動機及感覺的能力，包括對臉部表情、聲音和動作的敏感性，辨別不同人際關係的暗示，以及對這些暗示做出適當反應的能力。職業傾向為政治、心理輔導、公關、推銷及行政等，需要組織、聯繫、協調、領導、聚會的工作。

G. 內省智能：有自知之明，據此做出適當行為的能力；包括對自己有相當的了解，意識到自己的內在情緒、意向、動機、脾氣和欲求，以及自律和自尊的能力。適合從事的職業有心理輔導、神職等。

H. 自然觀察智能：對自然景物（植物、動物、礦物、天文等）有誠摯的興趣、強烈的關懷及敏銳的觀察與辨認能力。適合職業為自然生態保育者、農夫、獸醫、寵物店老闆、生物學家、地質學家、天文學家等。

I. 存在智能：常思考有關「人類為何存在」的深沉問題，如生命的意義、我們為何而死、我們為何走到今天這一步等哲學議題。職業發展為宗教人士、哲學家、科學家等。

1983 年，加德納 (Howard Gardner)，提出「多元智能理論」(theory of multiple intelligences)，他認為每一種智能都是獨立運作的系統，各類智能的高低不代表成功與否，而是一種發展潛能、天賦與優勢。善加利用則可找到職涯的正確方向及適合職業，使生涯發展「事半功倍」。

生涯測驗結果經由輔導老師的解釋，與父母、老師、同學討論後，

可化解心中的疑惑,進一步搜集符合自我特質的職業資訊。

為什麼要透過性向及多元智能等測驗,找出自己的多元優勢能力呢?因為現代求職者若能「多才多藝」,工作上應更能勝任愉快;反之,「自我設限」就容易「失業」。再者知道自己的弱勢所在,也可積極自我訓練與補強。

🎓 生涯楷模

史懷哲 (Albert Schweitzer) 是個通才,他同時是神學、哲學、醫學、音樂四方面的專家,一生的學習或研究都是多種專業齊頭並進。剛果的蘭巴倫醫院(後劃歸加彭共和國),也是他從無到有、一手擴建。

從三十八歲至八十九歲,他進出非洲達十三次。離開非洲的原因除了二次大戰期間被關入集中營外,主要是應邀至歐洲及美國巡迴演講及舉辦風琴演奏會,為了替蘭巴倫醫院募款及招募醫師。

史懷哲原有斯特拉斯堡大學哲學博士、神學碩士的學位,為了去非洲而開始學醫,三十八歲獲得醫學博士學位。一生獲頒無數榮譽博士學位,如牛津大學神學博士、愛丁堡大學神學及音樂博士、聖安德魯斯大學法學博士。為了在蠻荒非洲行醫,他十八般武藝樣樣精通,把自己訓練成「全方位」的人才(包括組織、領導、募款、演講)。

他還是個學者,對於音樂(是研究巴哈的專家)、哲學及神學都有專門的論述。他也是位作家,將在非洲蠻荒行醫的故事寫得深入、動人。他還是個風琴演奏家,這項專業對他的募款及紓壓,都有極大的幫助。

第二節　人工智慧時代的人才需求

　　大學階段該如何進行職業的規劃與準備？除了要清楚自己的性向、能力、人格特質與工作價值觀之外，也要了解職場及產業的生態與變化，方法包括：注意哪些老師有業界經驗，選修他的課程。善用課程中實習或實作的部分，增加實務經驗。要正視「企業實習」的相關課程，並多多爭取實習的機會。還要向老師、學長姐、畢業校友等多請教「畢業後的出路」，這也是適應職業甚至找工作直接有效的做法。

　　如今邁入人工智慧時代，AI 取代或改變許多簡單、低效的工作。要發揮自己不能被取代的獨特性，學習「人機協作、各自發揮特長」，才不用擔心被機器「搶」了工作。

　　傳統填鴨式和機械式的學習，把人教成了機器，喪失人類獨有的價值。而今敢於挑戰自己、面對高難度問題的員工，才能與 AI 系統一起創造更大的價值。程式化、重複性、靠記憶與練習的技能，可以交由機器完成。複雜系統的綜合分析與決策能力、藝術和文化的審美能力、創造性思維，須由生活經驗及文化薰陶產生的直覺和常識，基於人的情感與他人互動的能力，才是「人類」最能顯現價值、值得培養的技能。

　　由於人工智慧的參與，人類可從繁重的工作中解脫出來，擁有大量休閒時間。所以文化娛樂產業的規模，將大幅擴增。學習文創相關技巧，運用人類獨有的智慧、豐富的情感以及對藝術的創造性，也是證明自己價值的最好方式。

　　機器可以分析人類花費大量時間也處理不完的資訊，可以在特定領域發揮優勢；於是，未來可能出現下列 AI 職業：

◎ AI 廚師：透過料理的資料，提出適合食材的料理方案。

◎ AI 造型師：透過無數彩妝與服飾照片，推薦適合當事人體型和膚色的服裝。

◎ AI 網頁：針對每位造訪者來設計字型、配色、設計、文案、尺寸等，再配合造訪者的特質調整出最適當的模樣。

◎ AI 店員：分析超級市場或便利商店銷售狀況之最佳的陳列方式，發現舉止可疑客人也能進行監視。

◎ AI 助理：一如內建 AI 系統的智慧音箱，可以幫我們操作家電。AI 助理可以幫我們製作書籍、安排約會，蒐集過去的資訊如財報和各種資料。

◎ AI 娛樂：可為我們唱不同的歌曲，還可以作詞，成為 YouTuber。不只是每天，甚至每個小時都可更新內容。

◎ AI 顧問：從企業資訊中找出問題點，提出解決的策略。

◎ AI 律師：從過去大量判例中找出事例、製作資料，進而討論出最佳戰術。

近來各大學紛紛增設 AI 相關系所、學程，如 108 學年度就有超過 10 所大學增設 AI 相關系所、學程，如成功大學「人工智慧科技碩士學位學程」與「人工智慧與資訊學系碩士在職專班」、交通大學「人工智慧技術與應用碩士學位學程」、中信金融管理學院「人工智慧學系」、聖約翰科技大學「人工智慧應用學士學位學程」、中臺科大「人工智慧健康管理系」、大華科大「智慧製造工程系」、「智慧車輛與能源系」、華夏科大「智慧車輛系」、崑山科大「智慧機器人工程系」等。

要擁有哪些技能，方可減低人工智慧時代對個人的衝擊（陳永信編譯，2019：18-19）？

約 60% 的加拿大和英國受訪者表示，**團隊合作、創造力、溝通力等，是最禁得起時間考驗的本事**。美國人則認為，除了上述的「軟實力」，**數學、科學、編碼和數據管理等知識**，也同樣重要。

除了人類彼此必須溝通、協作無間，**人類與機器如何完美結合，則是另一堂必修課**。……人類與機器的強項彼此互補，例如人類擅長領導、合作、創意、社交，而人工智慧的運算速度、可擴充性、量化能力較強。

第三節　要直升研究所，抑或就業？

大學畢業前，可能面臨繼續讀研究所（包括出國留學）還是先去就業的生涯選擇。所謂「三十而立」、「成家立業」，先就業應該比較好吧？如今只有大學文憑，找工作似乎很難，但提升學歷是否更利於就業（而且起薪較高）？要不要考研究所、要不要出國進修、要不要考公職或證照等，最好在大一、大二即做出決定，並開始積極準備。這樣還不見得會成功，何況到了大三、大四才來思考，可能更來不及準備。

⚙ 生涯情境模擬

學生記者 政大大學部 卓欣誼 報導

我原以為自己的生涯規劃做得不錯，大學時期就已確定要念研究所，但對這個目標其實我並沒有全力以赴。因為還有些迷茫或不夠自信，所以大學四年一路走來「跌跌撞撞」。

　　知道自己所讀的科系只有大學畢業的話，無太大發展空間，所以我在大二時申請了一個學程做為備案。雖然我不認為自己會以此學程當成未來出路，而且身旁的同學一個個放棄此學程。然而由於該學程與本科系的相關性頗高，在就業的現實考量下，我繼續修讀，過程中遇到許多挫折引發我的焦慮，讓自己背負偌大的壓力。

　　進入研究所的管道，我想以考試為主、推甄為輔，不料準備推甄的過程中，花費比原先想像更多時間，而且挫折重重；不僅打擊了我的信心、身心俱疲，也懊惱自己為何沒有早點開始準備。我以為自己在學習的每個階段都很認真，靠著過去努力的成果，應該可以應付研究所考試，結果證明還不足夠！

　　研究所我只投遞了兩間學校，沒有選擇自己的母校。我想等到考試入學時，再將相對競爭沒那麼激烈的母校做為選項。事後聽聞母校研究所的推甄競爭也相當激烈，竟有 8 位有碩士學歷者再來攻讀第二碩士。我沒料到母校並非資源最多的學校，競爭卻也如此驚人！這讓我不禁懷疑自己何德何能，竟以為可以透過推甄進入研究所？

　　最後推甄沒有如願，但我並不後悔，反而高興這段期間的學習與成長。在整理備審資料時，我反思大學四年所做所為，才意識到自己的不足。我相信不是自己不好，而是因為其他競爭者有更豐富的社會經驗；等我再磨練幾年，一定也能開花結果。

　　推甄使我除了疲憊，也壓縮了準備筆試入學的時間。我必須為自己留一條後路，決定把目標設定在一年之後的筆試；給自己多些喘息空間，才不會喪失學習及生活的熱忱。

從這次準備研究所入學的過程中，我體驗到生涯規劃的重要，要多方面思考，並給自己預留後路及備案。也許有人認為設定目標就該「破釜沉舟」，不給自己留太多後路，以免優柔寡斷、意志動搖。但我覺得生命難保沒有意外，多方嘗試反而能開創不同的可能，增加自己更多的能力。

人生只有一次，逝去的時間不會回頭。為了不讓自己後悔，踏出的每一步都需經過細細思量。人生道路充滿陷阱與阻礙，會消耗你的時間甚至財產、健康。錢再賺就有，健康卻不一定能復原。所以生涯規劃必須蒐集完善的資訊，才能避免不必要或重大的損失。

人生隨時面臨各種大大小小的選擇，每一個選擇都與之後的生活環環相扣。大至選校系及找工作，小至今天的晚餐吃什麼，都可能造成無法抹滅的影響。他人給你意見時，縱使聽來重如泰山，或他們總拿「吃過的鹽比你吃過的米還多」來逼迫你；但記得，最終做決定的人仍是你，沒有人能為你的生涯負責。

焦慮時必須保有自己的想法，相信自己能做到；若一味聽從別人的意見，就無法有信心地做決定。雖然外界事物讓人迷惘，但真正無法做決定的關鍵仍是自己。有時擔心做出錯誤的決定，有時又覺得自己能力不夠。總歸一句話，就是「自我設限」。

由這位過來人考研究所失敗的深刻體驗，我們可以學習到的是：

1. 即使你早早預定了生涯目標，也不等於一定能達成。
2. 即使你認真準備了推甄的資料，也不等於一定會錄取。

3. 即使你沒有錄取研究所，也不等於明年或永遠沒有機會。

4. 即使你沒有達成預定的生涯目標，也不等於是失敗或一無所獲。

5. 即使今年失敗，仍然要給自己留下後路，避免落入無邊的焦慮、沮喪中。

6. 即使你得到重量級的建議或協助也不要依賴，仍要自我決定與負責。

7. 即使失敗很多次，也不要「自我設限」，永遠可以自我成長。

　　政治大學心理系畢業生林鼎睿推甄教育研究所的資料，也是經過大幅修正後，第二年重考時才得以進入研究所。所以，重點在於你先確定自己要讀哪類專業的研究所、做最好的準備，包括不怕重考。下面是他的「自傳」，寫得很有「溫度」，值得大家參考，其他的書面備審資料，詳見本書最後的附錄一。

⚙ **生涯情境模擬**

自　傳　　　　　　　　　　　　　　　　　林鼎睿

【家庭背景】

爺爺奶奶對我的影響

　　自小到幼稚園階段，我都與爺爺、奶奶一起住在嘉義縣大林鎮糖廠的員工宿舍裡。爺爺與奶奶受日本教育長大，他們的教導深深影響了我。擔任鄰長的爺爺，總是為社區熱心的服務，與里民相處相當融洽。他時常帶著我穿梭於鄰里間，我也參與他們的聊天、泡茶。這讓我從小就有許多機會透過觀察學習，

模仿爺爺與人互動的方法，提早了解與人相處的道理。爺爺是我最尊敬的榜樣，他示範了為人處世的尊重與禮貌，以及服務別人能給自己不一樣的收穫。

爺爺年輕時是糖廠電力股的股長，奶奶是糖廠護士，爺爺的剛直與奶奶的溫柔，剛好對比與互補。在剛柔並濟的成長環境下，塑造我在面對不同的人事物，能適時調整以達到雙贏的結果。也啟發我對於教育的思考，擺脫傳統教師角色——「上對下」的教學模式，能站在學生角度——「由下而上」地教學相長。

父母親對我的影響

父親與母親共同創業，一起經營園藝建設公司，我經常跟著他們，在工地學習到相當多不同的知識與技能。除了認識植物、造景與建築，也習得操作挖土機、山貓這些機械的能力。常常在工地跑來跑去，讓我有機會接觸更多不同的人事物，從公司的老闆到師傅、工人。從小與各種階級與角色有不一樣的對話，學習察言觀色，也從不同人的經驗中，聽到不一樣的故事，更能同理他人的感受、情緒，了解每個人的差異。這影響我日後在面對問題時，能用更多元的視角，看不同的面向，完整思考人事物的樣貌。

非常感謝父母給我豐富的成長經驗，讓我時常接觸人群與大自然，及早觀察社會百態，從這些經驗中與現實生活相連結，而非如許多青少年沉溺於網路遊戲世界。未來，我希望能透過戶外體驗教育，帶領青少年抽離虛擬網路世界，更親近也喜歡大自然；也讓他們更深入的自我認識、覺察與成長。

笑容對我的影響

因為成長在鄉村地區，人與人之間的關係更為密切，與人相處是小時候的必修學分。擔任鄰長與股長的爺爺、擔任護士的奶奶、服務大自然與人的爸爸與媽媽，我的家人透過身教讓我了解「帶著笑容服務」是一輩子的事，使我總帶著笑容面對每位師長與朋友，笑容是我對外溝通的最佳語言。也因為這樣，在群體裡我總能與他人相處融洽，以自然的方式經營人際關係，更珍惜出現在我生命裡的每一個人。

求學階段我時常擔任班級幹部，總能協調班級事務，讓班級有很強的向心力。時常以善良的心出發，讓我更善於同理他人、溝通與協調群體關係。在重視團體的戶外體驗課程中，常常能帶領團體前進，也重視每個人的成長。

大自然對我的影響

大自然一直陪伴著我成長。小時候我住在糖廠宿舍，沒有科技化的設備，我與玩伴總能運用大自然的環境，創造不一樣的玩具來填滿童年。大自然中的玩具隨手可得，儘管一枝樹枝也能玩得不亦樂乎，甚至把日治時期的防空洞改造成祕密基地。大自然就是我的家，它給了我許多深刻的成長經驗。從每個身體力行的「做中學」成長，我已經離不開大自然了，這也是我想從事戶外教育的初衷。透過大自然，更能看到每個人真正的需要，期許自己帶領更多人從戶外探索領域看見大自然的力量，運用這些自然資源促成人與人之間的關係，陪伴每個人的身、心靈共同成長。

生涯規劃資源

書籍：《90% 夢想無法實現》，弘兼憲史著，賴庭筠譯（無限出版）

弘兼憲史是位成功人士，這本書的書名好像在潑冷水，但其實很真切。

他認為，「為了實現夢想而努力」，說起來很好聽。不過等於要浪費十數年的青春光陰，即使是當事人，也一定考慮過「放棄」的選項。與其說堅持，不如說是不想或害怕承認「自己的能力不足」。若因此而錯失撤退的時機，反而產生更大的問題；所以他提醒要為夢想設「期限」。

「如何面對討厭的工作」這部分，他的解決方法是——「肅肅以對」，也就是嚴肅以對，態度要「恭敬而謹慎」。「光是工作毫無建樹」這部分，他說漫畫家不只要培養畫工，還需具備各種能力，如語言能力。漫畫家不能只看漫畫，還要讀小說、報紙、雜誌，看電影和電視。不能只留意自己喜歡的事物，只做好自己的工作，還要吸收各種知識。

「無論如何都要思考能不能謀生」這部分，他說自己離開大企業成為漫畫家，別人認為非常冒險，不過這不是「拋下一切、有勇無謀的挑戰」。他辭職前考慮過成為漫畫家前該如何謀生，所以離開公司後，還是與原先認識的設計公司合作。「與各式各樣的人保持良好關係」，是職場生存之道。

能成功實現夢想的人，意志、毅力、熱情、才能固然重要，但「一邊思考各種可能，一邊擬定策略性的計畫」也很重要。

　　至於「不知道自己想要什麼的人」，他說，可以訂一些小目標，累積成功的經驗。達成這些小目標後，人便會進步。到了適當時候，可能就會知道自己有何夢想了。

第二篇　職場面對面

第 **4** 章 求職與面試的準備與演練
——機會留給準備好的人

　　企業招募人才時最重視哪些條件？在學期間你有哪些企業實習、跨領域專長、國內外競賽、海外遊學或交換學生等經驗與表現？如何證明你的人際溝通能力、外語能力、團隊合作比一般人來得更好？

　　企業一致認為，學習不該局限於考試，更要融會貫通，在鍛鍊中累積經驗；還要不怕困難，擁有解決問題的應變力。至於跨部門溝通、國際移動力、海外短期工作等，都是工作所需。這些「道理」在面試

回答時，都要以曾經的行動與體驗來證明，絕不能「喊口號」或說「我保證」。職場不是給你練習的地方，而是直接上陣的戰場。

　　不少社會新鮮人到了面試之前，才開始懊惱對職場不夠了解，缺乏實習經驗、多元能力，溝通或社交技巧也十分薄弱。若面試時非常緊張、沒有好好自我介紹、說話聲音太小等，怎能獲得面試官的欣賞而得到高分呢？

第一節　　履歷表的撰寫功夫

　　想要謀職成功，最初的「門檻」是帶著一份合適的履歷表，有自信地回答面試問題。不僅對自己有足夠了解及展現強項，更要充分認識所應徵的機構，包括：機構或應徵職務的人才需求、組織文化與核心價值、領袖特質與領導風格、機構規模與財務狀況、組織形象與規章、產業與產品特性以及與競爭對手的比較等。這部分要下功夫搜集資料，以及多請教有相關業界經驗的親友。

履歷表的必要內容

　　從履歷表開始（含自傳），有哪些相關注意事項？就算你對想應徵的幸福產業或夢幻公司有充分了解，成功的關鍵還是在你的能力與應徵的工作是否搭配？你具備該工作所需的條件嗎？一份好的履歷（含自傳），就能讓求才單位覺得你是他們所需的人才。

　　從小到大，我們常常自我介紹以得到別人的注意與支持。參加某些考試也需要繳交自傳，讓重要人士從中認識你、產生好印象。準備自我介紹或自傳簡單嗎？「決定權」在對方手裡時就不簡單，必須考慮對方的感覺及履歷表的目標，不能「自我中心」、想寫什麼就寫什

麼。例如面試時會被問到：

你有沒有這方面的工作經驗？有否作品集？

你覺得自己目前的專業能力能否勝任此工作？

你有怎樣的優勢能讓公司錄取你？

你的加入能為公司帶來什麼助益？

你要如何將公司的產品行銷出去？

這些問題的答案就要巧妙寫進履歷表裡，你必須一開始就把組織放在個人之前，把公司的需求當做你思考與行動的核心。

履歷表大綱

在履歷表上強調你具有應徵職務所需的專業能力、個人優勢、工作經驗，以及你可以對公司產生的貢獻；也要附加相關證照、比賽成績與作品集。如果你是尚無工作經驗的應屆畢業生，履歷表的大綱如下：

1. 家庭背景、教育背景、人格特質、興趣嗜好、強項或優勢。
2. 求學時期的競賽經驗、社團經驗、打工或實習經驗、相關進修。
3. 專長、證照、比賽成績、相關的得意作品。
4. 應徵此職務的理由。
5. 對於該職務的想法與未來期許。
6. 職涯願景或中長程工作目標。
7. 推薦人及推薦函。

　　若已有工作經驗，則要將之前工作表現不錯的地方具體陳述，例如某些方案的績效。不只是描述一兩個方案的傑出表現，可以將各個工作的學習收穫與成長都列出來。有些過渡階段的短期工作，則可以省略。

　　履歷、自傳的內容宜精簡及條列，避免犯下列的錯誤：

1. 太冗長的生平故事

　　過多的生平事跡，給人文不對題的感覺；應將重點放在個人特質、能力、專長的描述，且扣緊應徵職務的條件，顯示你的優勢或特色。

2. 段落不清甚至不分段

　　作文最怕「一條龍」，完全不分段或分段不明確，這樣很吃虧，主考官大多不會耐心地幫你抓出重點。建議一段寫一個重點，每一段落都放上一項自己的優點或特色，並以一個實際例子為佐證，以增加說服力。

3. 排序也要作調整

　　工作資歷六年以上的資深上班族，可將工作經歷、表現績效列為重點，並將這兩項放到自傳的最前面。大學畢業生則可將求學時代參加社團、工讀經驗放在自傳的開頭，開始就要抓住別人的注意力，讓人有興趣繼續閱讀下去。

4. 千萬不能虛偽及謊報

　　不論是實質的說謊或是自我膨脹，「華而不實」的履歷逃不過內行人的眼光。就算你錄取了，對於日後的工作也「無利反害」。別人對你期望越高時，失望也越大，如下面這個新聞事件：

⚙ 生涯情境模擬

　　報載（王宏舜，2020），許姓男子自稱是電腦工程碩士，應聘上某科技公司的總經理特助，月薪高達 15 萬。但上任後公司卻發現他無法統籌、彙整客戶需求，開會時打哈欠、吃東西，所以三個月後將月薪降為 10 萬元，但狀況仍未改善，且到職三個多月才提交學歷證明。公司發現他是文學碩士，只修過通識的電腦課程，八個月後決定解僱他。許提確認僱傭關係存在訴訟，但地院、高等法院皆判他敗訴。

　　公司表示，許的履歷表寫著「曾任職於工研院電子所、華碩電腦、聯想電腦、廣達電腦、王安電腦等公司」，專長是專案管理、產品規劃、研發管理，並曾在補習班教授軟體撰寫，自稱「具有解決專案問題之分析能力」。但新進三個月的評比等級卻在 B 以下，沒通過試用期的考核本應終止僱傭關係，但公司請他選擇減薪 5 萬元或離職，他同意減薪。但經過告誡、降薪後，許依然故我。

　　高等法院勞工法庭認為，總經理特助與一般業務、技術人員或行政人員不同，應與總經理相輔相成配合。公司已給他改善的機會，解僱符合最後手段性，因此駁回上訴。

第二節　面試準備有技巧

　　求才單位看過履歷表，若覺得符合應徵條件，為什麼還需要進一步「面試」？其實這對雙方都有好處，面試不僅使應徵單位認識及再

次確認求職者的狀況，對求職者來說，也是一種保障與再度考慮的機會。面試當中，求職者也可以詢問較詳細的工作需求，清楚自己的相關權益。面試不僅是求才單位對求職者的「考驗」，也是求職者對求職單位的「考察」。

面試時最重要的大小事

面試就像進房門的鑰匙，用對鑰匙才能開得了門，所以要注意下列大小事。

1. 避免父母陪同

如今「直升機父母」日增，使人懷疑年輕人的獨立能力。為何父母要如此擔心與呵護？有些父母會在面試前打電話到公司詢問應徵職位的工作內容，甚至希望主管給他的孩子較輕鬆的工作。也有媽媽陪著女兒面試，幫忙問薪資、工作內容等。也許家長是怕孩子遇到黑心和詐騙公司，所以才這麼做但別讓這份關心膨脹成子女的包袱，讓人覺得應徵者沒有思考判斷能力，給人無法自立自主的印象，對求職者其實相當吃虧。

即使剛踏出校門的社會新鮮人，也應該自己面對及處理問題。這些憂心過度、承擔孩子問題的父母，除了阻擋孩子的學習機會之外，也造成企業管理上的困難。這是父母在責怪孩子「啃老」之前，應先行自我覺察與改變的地方。

2. 如果被問到前一份工作離職的原因

不僅是正式工作，即使是臨時打工，也可能被問到「為什麼離開前一份工作」。這題幾乎是必考題，卻不是每個人都能得體回答，尤其離職過程並不愉快時。如果回答因為得不到升遷或升遷不公，面試官可能認為你自視太高。如果說與老闆個性、理念不合，面試官可能

認為你很難相處。如果你是因為不適任而被開除，可以誠實回答嗎？

對於離職原因的回答，不要過度解釋離開的原因，且要避免批評之前工作的主管或公司。多強調自己對於新工作的期待，也就是所謂「良禽擇木而棲」。說出你在工作中最重視什麼價值，介紹自己是某方面的專業人才，這才是你決定另謀新職的核心原因。

如果你被資遣，就說明外在原因，如經濟危機、部門縮編、公司組織架構調整。若確實有一些自己的問題，則應表達自己已好好反省、不要一味推卸責任。尤其要說明自己與前東家、同事仍維持良好的關係，這樣就很加分。

被資遣並不是世界末日，只是這份工作、這個團隊或這個老闆真的不適合你，不必強求。回答時著重這件事對你的正面影響、學到什麼寶貴的教訓，或因而有哪些改變。天下沒有不散的筵席，「好聚好散」才是重點。有時跌倒是因為天雨、路滑（高風險狀況或經濟不景氣），或鞋子穿得不對，並非你特別糟糕！

回答時多提及你對應徵職位能提供的貢獻，以及未來的目標。如果你已經待業一陣子，便說清楚這段時間你為目標做了什麼努力，或是你已完成了哪些事情。

3. 可以說善意的謊言嗎？

如果主管問你「這份工作可否做滿兩年」，除非應徵條件表明所需的工作期限，否則自己應先想清楚，兩年內是否還有別的計畫——讀研究所或創業？是否可在這份工作上停留一段時間、學到一些技能？再給予工作長期的承諾。

若你同時應徵幾份工作，面試官或主管若問你「何時可以上班」，可否先回答一個上班日期，等其他面試結果出爐，若有更好的機會再告知對方不能去上班。這算是「善意的謊言」嗎？不算！這只是對你

有利的答案，雇主卻會蒙受損失。因為雇主花了時間、心力面試與培訓你，結果你卻不來或很快離職。雇主感受不到你的考量或不得已之處，只覺得你不誠信、不穩定，甚至不尊重與自私自利。

　　較好的回答是，你先感謝對方錄取你，再誠實告知還應徵了其他的工作，詢問雇主可否給你一段考慮的期間。

　　應徵的公司可否要求你簽「工作期限」切結書呢？依《勞動基準法》（民國 73 年公布，民國 108 年修正）第 15-1 條，未符合下列規定之一，雇主不得與勞工為最低服務年限之約定：

一、雇主為勞工進行專業技術培訓，並提供該項培訓費用者。
二、雇主為使勞工遵守最低服務年限之約定，提供其合理補償者。
前項最低服務年限之約定，應就下列事項綜合考量，不得逾合理範圍：
一、雇主為勞工進行專業技術培訓之期間及成本。
二、從事相同或類似職務之勞工，其人力替補可能性。
三、雇主提供勞工補償之額度及範圍。
四、其他影響最低服務年限合理性之事項。

　　依此條文可知，雇主可依職位需求而訂定工作期限；在徵才或進入面試階段時，你一定要先弄清楚。如果你一兩年內確實有再進修等其他計畫，不論有否工作期限，已不符合雇主的期望。「非誠勿擾」，最好不要參與面試；以免錄取後又毀約，雖不違法，卻弄得「不歡而散」，也影響你日後謀職的「誠信」。

　　當然，你還是有合法權利可參加面試，錄取後還有一段試用期可以考慮。說不定你會改變想法，願意較長期的工作下去。

生涯情境模擬

　　面試中常見的考題是面試官要你分析自己的三個優點與三個缺點，這時，SWOT 分析法就是一個有效的方式。SWOT 分別代表 Strength（優勢）、Weakness（劣勢）、Opportunity（機會）、Threat（威脅），你在面試前要先準備好下述問題的答案，包括自我檢討與改善之道，屆時才得以適度及有力地回答。

S（優勢）

1. 有什麼優勢，是你有而別人沒有的（例如技能、認證、教育或關係網）？

2. 有什麼地方，你做得比別人更好？

3. 你有哪些可以聯繫的個人資源（有影響力的人）？

4. 有什麼優勢，是他人（或者是之前的老闆）在你身上看到的？

5. 有哪些成就，是你最引以為傲的？

W（劣勢）

1. 有什麼任務，是你通常會逃避的（因為沒有信心去完成）？

2. 有什麼缺點，是你周圍的人認為你該改進的地方？

3. 你對自己所受的教育和技能培訓有信心嗎？如果沒有，哪裡最弱？

4. 有什麼負面的生活或工作習慣，會影響你的發展（例如遲到、東西雜亂、脾氣不好、不擅長處理壓力）？

5. 你缺乏哪些專業領域中前進的技巧（例如公開演講）？

O（機會）

1. 你想進入的行業正不斷增長嗎？怎麼把當前的市場做為你的優勢？

2. 你有一個可以幫助你或提供好建議的人際關係網嗎？

3. 你的競爭對手是否有無法完成的重要事情？你可以把他們的錯誤當成自己的優勢嗎？

4. 你是否常參加活動、課程或研討會，並從中找到新機會？

5. 如果你的同事要請長假，你可以承擔這個人的工作以累積經驗嗎？

T（威脅）

1. 你目前面臨的工作障礙是什麼？

2. 是否有人正與你競爭某個工作或職位？

3. 你的工作內容或需求正在變化嗎？

4. 上述變化是否威脅到你的位置？

5. 你有哪些弱點會導致工作威脅的出現？

面試的準備

　　良好的溝通技巧和自我行銷，不是在面試前「臨時抱佛腳」就能來得及，平時要常常練習。什麼問題是必考？什麼「話術」可以讓面試官錄取我？這些都需要充分準備。

1. 了解應徵的公司、職位狀況以及自己的優勢

除了解公司的主力產品及商業模式外，還要知道競爭對手的狀況，面試官常會將自己的公司與競爭對手做比較，詢問你：「為什麼選擇應徵本公司而非對手？」或是請面試者「分析兩家公司的未來競爭力」，這類題目一定要預先準備。

要知道應徵的職位需要具備什麼特質或能力，並提出自己相關的學習經驗或證照。針對該公司或職位的需求，列出至少三點自己的優勢。面試時一定會有「為什麼我們一定要用你？」、「你認為你自己的強項在哪裡？」、「你認為你跟競爭者相比有什麼樣的優勢？」這類問題。面試官不想知道你有多屬害，他想知道「你能幫助公司什麼？」或「你的這份強項與特質，能夠帶來什麼生產力？」

2. 準備話題、掌握面試的主導權

面試的好壞及結果，可由面試當下的氣氛、時間長短而大致判斷。如果面試時死氣沉沉地「你問我答」，最後丟出一句「今天的面試就先到這邊」，結果可能就不樂觀。反之，如果面試官欲罷不能地想要多了解你，恨不得多點時間問問你，你的答案也讓面試氣氛不那麼僵硬；那麼你在面試官心中就已留下好印象，比別人勝出的機會更大。

若被動等待面試官發問，你就無法掌握面試的主導權。雖然你無法決定面試官會問什麼，但你可以把握每次發言的機會，多講點東西以引起面試官的興趣，甚至主動向面試官提問，引起一段愉快的討論。所以面試前要準備討論的話題，如主管對該職位的期待、該產業的未來展望、該職業的相關時事，甚至是你對公司的疑問。不要將面試場合當成法庭，自己變成嫌疑人；要當成是能表現自我又能與面試官互動的舞臺，讓自己的心情更愉悅。

3. 設想各種可能被問到的問題

面試官的問題，大部分會從面試者履歷或回答問題的內容中延伸。只要你用心準備，面試問題並不難預測。若準備了自覺滿意的答案，面試官卻沒有問到，則可在回答相關問題時當作補充。

面試時，先傾聽面試官怎麼說，弄清楚面試官要問什麼比起表達自己的意念來得重要。千萬別告訴面試官，你不知道自己來這個公司要做什麼，甚至提議由他來告訴你。面試官沒時間向你做簡報，也不會勸你接受這份工作。

要以之前的工作經驗，證明自己是個勤奮認真的人。最重要的是，一定要對公司的未來發展，表達高度的關心。即使一時不知該如何回答某些問題，如「如何提升公司的形象、知名度」等，也要以最認真及高度熱忱的態度來努力回答。

4. 回答問題前，先停頓三秒鐘

大部分的人即使面試前已做了許多準備，仍會因緊張而使面試表現大打折扣。腦袋一片空白時，回答什麼連自己都不知道。可減輕緊張情緒的方法是，在面試官問完題目後，先停頓三秒再回答。這三秒當中，可微笑看著面試官，也可低頭沉思，或將問題複誦一遍。

馬上回答的人，通常連問題裡隱藏的意涵都沒弄清楚，就急著「脫口而出」，往往不會是最佳答案。停頓三秒鐘，回想一次問題及背後的意義，想想面試官想聽什麼，再不疾不徐地回答。

5. 條列式的回答技巧

任何問題都盡量以條列式來回答，即使一次就能回答完的問題，也要拆成至少兩個答案，例如「第一⋯⋯，第二⋯⋯」。條列式讓面試官認為你是一個邏輯清晰、有歸納能力的人，聽起來較有說服力。

另外就是當你嘴上說著第一點時，心裡可以默默整理第二點，甚

至是第三點，有自信地將三點逐條說完。不要想到什麼就說什麼，讓人感覺籠統、沒有重點，甚至雜亂無章。

服裝儀容與態度

1. 穿著正式

為了展現專業形象，面試前可試穿幾件服裝，拍照或直接請有經驗的人提供建議，找到最佳裝扮。對於較傳統的組織，尤其要注重服裝，不可衣著暴露或過於強調個性。一般來說，不要穿牛仔衣褲、涼鞋去面試。

2. 保持笑容

表情要開朗，注意自己有否緊張不安的小動作。面試時要全程保持微笑，聆聽問題及回答問題也一樣。這不僅能緩和自己的情緒、讓整體氣氛更輕鬆，也能贏得面試官的好感，展現人際親和力。

3. 眼神接觸

這個好習慣不是一時半刻可以養成，日常生活與人談話，就要注視對方的眼睛（而今卻是注視手機螢幕）。面試官的經驗豐富，如果你有一絲猶豫或眼神飄移，他們絕對能夠發覺。

4. 充分自信

自信除了來自萬全的準備，也與自我認同有關。面試時的回答，一定要充滿自信。除了來自正向信念，更重要的是對自我介紹、面試題目等之充分練習。面試的練習從大學時代就要開始，最好能有共同練習的團隊。

5. 注重禮貌

見到面試官時要先打招呼，而且用詞正式、態度恭敬，面試官示意你坐下才可坐下。避免表情嚴肅，或有不愉快的情緒出現。就算你

不接受或不同意面試官的某些要求與看法,也不可以直接拒絕或批評。對於面試公司的接待人員,也要親切有禮,因為他們可能是你日後的同事。

6. 團隊至上

面試時不要太強調自己很有原則,避免挑選自己想要的工作;因為大部分的工作,還是需要團隊合作。面試官想知道求職者對公司或工作抱持多大的興趣與熱情,最怕你三分鐘熱度或沒有想清楚,工作不久就說「原來這不是我的夢想」,浪費公司對你的付出與期待,缺乏對團隊成員的忠誠。

7. 圓滿結束

面試結束,也要有完美的下臺,也就是從頭到尾保持最佳態度。回家之後,還可以做些什麼以圓滿結束嗎?如果錄取了,就寫一封真摯的長信表達謝意;未錄取,也應寫封表達遺憾的短信,感謝面試官給你面試機會、希望將來還有效勞的機會。另外,不論錄取與否,都別忘了要謝謝過程中關心及實際幫助你的良師益友及家人;這一點大多數人都會忽略,尤其是未錄取的時候(因為心情不好,或怕別人知道自己「失敗」)。

上述穿著、笑容、眼神接觸、禮貌、團隊精神、負責、感謝等,都要及早落實在日常生活,才能「習慣成自然」或「精益求精」。暫時性的假裝,在面試時很容易露出真相。求學期間就要開始理解職場生態,積極與職場接軌,日後才不會適應不良。

還有一點很重要,需要平時培養的是表達能力,包括文字寫作及口語表達兩部分。文字要精簡流暢,使人想要閱讀;口語則要口齒清晰、語速不疾不徐、音量足夠,還有吸引人的音調變化。這些都可藉由相關課程或社團來訓練,才足以「養兵千日,用在一時」。

⚙ 生涯情境模擬

　　如今職場及面試時，較不會以性別來衡量能力，女性應徵者不會被直接問到工作與家庭之間如何調配時間的問題。但公司仍不免擔心，所以會問到相關的出差、外派及升遷等問題，要如何回答，才能讓面試官相信自己會把工作與家庭的關係協調好呢？

　　如果面試官質疑女性的工作能力，是否為「性別歧視」？依據《性別工作平等法》第二章性別歧視之禁止，「雇主對求職者或受僱者之招募、甄試、進用、分發、配置、考績或陞遷等，不得因性別或性傾向而有差別待遇」（第7條）。「不得規定或事先約定受僱者有結婚、懷孕、分娩或育兒之情事時，應行離職或留職停薪；亦不得以其為解僱之理由」（第11條）。

　　現代女性除了對自己的能力有信心，也要了解相關法規，以保障自己的就業與升遷等權益。

📖 生涯規劃資源

求職面試問題大集合

一、個人特質、能力與工作之搭配

　　1. 最大優點及缺點。

　　2. 你是否具備這份工作所需的技能？

　　3. 是否有相關工作經驗？是否有作品集？請聊聊作品集。

　　4. 未來展望與規劃。

5. 專業領域上遇到的最大困難？如何解決？

6. 以你目前的專業能力能否勝任此工作？為什麼？

7. 你覺得這一份工作需要怎樣的專業能力才可以勝任？

8. 在專業能力上你有怎樣的優勢，讓公司可以錄用你？

9. 對這份工作短期、中期、長期的職涯規劃。

10. 之前有參與哪些專案的經驗及收獲？

11. 平時有什麼休閒嗜好？

12. 以你過去的（學）經歷，為何適合擔任此工作（職務）？

13. 如果工作一段時間後你發現自己不適合這個職位，你會怎麼辦？

14. 請問你的加入，能為公司提供什麼樣的助益？

15. 是否願意到外地工作或赴遠地出差？

16. 上一份工作離職的原因。

17. 別人如何形容你？

18. 最值得驕傲的工作經歷。

19. 舉出一件影響你很大的事情，並說明你有何改變。

20. 當工作有壓力時，你如何確保自己不會情緒失控？

二、對產業狀況與公司文化的了解

1. 為什麼要應徵這份工作？

2. 請你概述對於本公司的了解。

3. 你對於我們公司的文化及商品認識多少？

4. 請說明你想來我們公司工作的原因？

5. 你了解我們的商品嗎？要如何將我們商品行銷出去？

6. 你對客戶及競爭對手的了解有多少？

7. 你對整個行業趨勢的了解有多少？

三、職場能力與態度

1. 遇到問題的處理方式。

2. 若公司的方針與你個人的理念不合,你要如何因應?

3. 你期望的薪資為多少?

4. 你跟前主管的關係如何?

5. 雇主要求你有非相關領域的能力,例如企劃、攝影剪輯、AI……,你能否接受?或如何表達為難之處,並與雇主溝通?

6. 請問為何待業那麼久?

7. 在工作中是否遇過困難或挫折?解決的方法為何?

8. 主管的做法與規定的 SOP 有出入時,你該如何處理?

9. 遇到不講理的顧客(奧客),怎麼做比較恰當?

10. 若你和同事意見不合,會如何處理?

11. 如果你獲得了這份工作,幾個月後卻發現與期望相差很大,你會怎麼辦?

12. 若顧客最後驗收時,對產品或成果不滿意而拒絕支付尾款,你會如何處理?

13. 你對加班和出差的看法為何?你能配合公司的需求嗎?

14. 誰是你的職場榜樣?為什麼?

15. 如何處理與上司、同事、客戶的衝突?

16. 你曾帶領過團隊嗎?舉一個團隊遭遇的問題,說明你如何解決?

17. 你如何掌控時間?哪些例子可說明你是個自律的人?

生涯筆記

第 **5** 章　職場新思維與工作態度
——永遠不變的是要充實自己

現代的職場環境比起從前，更加複雜且充滿挑戰。必須臨機應變，隨時調整自己工作的態度。但永遠不變的是，不要忘記充實自我、成就更好的自己；良好的「工作態度」仍是職場最重要的「核心」。

第一節　職場新思維

以新、舊職場環境相對比，不僅是社會新鮮人，任
何年齡的人都要跟得上職場的變化。要有截然不同的「新
思維」，方能適應新的職場環境。職場的新思維（楊竣
傑 Cheers，2019：30）主要為多元化及跨領域，如今的職涯發展，已
非一個工作做到退休或一項技能走遍天下。而是螺旋上升或斷裂再延
展的多變曲線，所以要擴充自己的專業技能（硬實力），更要重視「軟
實力」：如溝通、整合與創意。工作不僅是為了收入，也是追求理想、
實踐自我的途徑。

另外一項職場的重要變化來自於「數位化」，所以要掌握 AI、數
據分析等技能。要學習與機器共同合作，發揮屬於人的價值，不要排
斥或過於擔心。

因應職場新趨勢的自我更新

逐項來看，現代工作人該如何趕上時代腳步、自我調適？

1. 多元職涯、跨界擴能

如今不容易一個工作做到退休，要改變為同時展開不同的工作（斜
槓經濟）或多次轉換工作跑道。若將職涯比喻為爬山，傳統觀念是同
一份工作，到五十歲左右到達顛峰，然後開始下山（衰退）。

而今的職涯則不只爬一座山，而要選擇幾座山來體驗。或者連續
爬幾座山，使上山、下山變成習慣。職涯只有高低或差異的變化，沒
有所謂「顛峰」。

2. 多項技能、持續學習

要成為職涯的「長跑選手」，有自己的短中長程職涯規劃，才不會因為「衝刺」而很快耗盡心力，導致職業倦怠或不知未來將何去何從。在職期間要持續學習跨界的各種軟硬實力，尤其是軟實力，如溝通、整合與創意。不要讓別人覺得你老化、僵化，學不了新技巧。

現在的工作已非單一技能可以應付，需要想「各種辦法」來解決問題。例如業務行銷人員絕非只需與客戶溝通，還得有耐心、擅長企劃（創意與分析），抵擋得住業績的壓力。

3.「創造」工作、「發明」工作

受僱者要將工作視同自己的「事業」，讓工作產生意義；不要被動等待主管「分配」工作，而與組織疏離（不能與主管或公司同心）。而要成為「自營者」，讓工作成果變成自己的「品牌」象徵。對於時代趨勢、市場變化保持敏感度要努力，「發明」尚未出現的「藍海」工作。

何謂「藍海」？《藍海策略》是韓國學者金偉燦和法國學者勒妮・莫伯尼 (Renée Mauborgne) 的共同著作。過去企業慣用的獲益方式是壓低成本、搶占市占率、大量傾銷，稱為「紅海策略」。「藍海戰略」則是開創無人爭搶的市場空間，經由價值創新來獲得新的市場需求與空間。藍海戰略者認為市場一定有尚未開發的需求，問題是如何發現這些需求。因此著眼點從「供給」轉向「需求」，從「同行競爭」轉向「發現新需求」。

4. 打造「數位職涯」

當今的工作人，要適應 AI、數據分析、機器人時代的來臨，但不需過度擔心工作被數位科技取代。要學習透過「人機協作」，共同有效的完成工作。

以亞洲大學為例，2020 年，在圖書館設立 AI 練功坊、AI 體驗坊，加入人臉辨識系統、語音控制系統、行動 APP、觸控電視等設施。另設立智慧醫療、智慧家居、智慧無人車、智慧無人機、智慧工廠、機器人等體驗區，提供師生展示、教學研究，全面落實 AI 教育，加速培育 AI 人才。

進入亞洲大學圖書館，就會看到迎賓機器人 Zenbo，負責回答讀者各種問題。學校全力投入 AI 的教學研究，將人工智慧、大數據、雲端、3D 列印、無人工廠、無人機、無人車等科技，與醫學、設計、管理、資電、人文社會等領域整合。並成立 AI 人工智慧學院、AI 人工智慧中心、3D 研究中心及大數據中心。還與臺灣微軟、臺灣 AI 學校合作，安排 AI 專業與通識課程，共同培育 AI 人才。

5. 提升工作的價值

如今，工作與生活不再界限分明或苦樂對立；玩樂、工作、學習三者，不僅可以結合，更可玩出品牌與商機。最重要的是，透過工作追求個人理想的實踐、活出自我。也就是從工作中找到更多人生的意義與樂趣，不要變成一灘死水。

這個價值是個人保持工作動力的祕訣，即使是準備退休了，對於自己的專業領域仍可保持使命感，轉成部分時間的工作型態，而非完全退出，可以志工或兼職身分持續工作。醫生、律師、藝術家、作家、文創業、休閒旅遊的推廣等自由工作者，通常不受退休年齡的限制。

重視經驗的累積

年輕朋友常被父母師長勸告：「不聽老人言，吃虧在眼前」，但覺得「不太服氣」。自己缺乏經驗雖是事實，但不是缺點；補救的方式是主動請教，及虛心接受吸收別人的建議。職場上若有前輩及長者

指導或出手相助，的確可以省掉許多精力與時間，大大提升工作成效。年輕人若只相信自己的經驗，不但沒有那麼多時間去體驗，往往也來不及應付眼前的任務。

學生時代的你，可能認為理論與技術最重要，輕忽經驗的價值（因為它太瑣碎、主觀）。經驗到底為什麼重要？美國心理學家雷蒙德・卡特爾 (R. B. Cattell) 按照功能的差異，將智力區分為流質智力 (fluid intelligence) 和晶體智力 (crystallized intelligence) 兩類。

流質智力（黃富順，2000a）是天生就能進行智力活動的能力，即學習和解決問題的能力，如知覺、記憶、運算速度、推理能力等。它隨著神經系統的成熟而提高，不受教育與文化影響。一般人在二十歲時發展至頂峰，三十歲以後逐漸下降。

晶體智力（黃富順，2000b）與流質智力是相對應的概念，係指經由後天的經驗和教育，所獲得的技能、語言文字能力、判斷力、聯想力等。不是來自遺傳，而是由後天經驗得來，且隨著經驗的增加和終身學習活動的進行持續增長。

老年人比年輕人有較多可用的知識，並對所儲存的知識能加以組織，使其更正確並便於運用，這就是為什麼要聽「老人言」的原因。為了換取他們寶貴的經驗及轉化後有用的知識，醫事人員需要前輩傳遞臨床經驗、防疫經驗，警消人員需要救災經驗，教師需要教學經驗，企業主管需要領導與經營經驗等。前輩的經驗加上自己的體驗，即可「事半功倍」。

第二節　更好的工作態度

因應職場新趨勢與新思維，工作態度也需要跟著調整，尤其是社

會新鮮人。職場與校園的差異頗大，若不及早脫離學生心態，就業時就容易「水土不服」。職場有嚴格的紀律，而且老闆付你薪資；最基本的「敬業」就是謹守本分、如期完成工作。若希望在工作中自我成長與自我實現，標準就要再提升一些。「更好的工作態度」有哪些？

1. 自 律

遵守紀律是最基本也最重要的工作態度，各方面受到良好的約束（主要是自我約束），才能產生執行力和競爭力，使組織越來越強大。紀律是協助自己與企業邁向高峰的第一步，身為員工必須將公司最基本的規章制度視為自身行動的準則，時時警惕、自主管理，才能發自內心的遵守紀律。公司擁有謹守紀律的員工，才能提高整體士氣與團隊精神。

大學生上課遲到、翹課、吃便當、滑手機、睡覺等一般「習以為常」的狀況，應該隨著畢業結束。那只是常見現象，並非正常表現。老師可以「那是你個人的損失」一語帶過，學生可以「勉強去上沒有營養的課，不如不去」的說辭為自己解套，甚至以消費者姿態「評鑑」老師的教學（網站上常見學生無所顧忌的批評老師），這些態度都不利於職場適應。

2. 尊 重

「敬人者，人恆敬之」，尊重他人等於尊重自己，但這種關聯性常常被人忽視。職場新鮮人經常犯的錯誤是肆無忌憚的言論，得罪了主管、同事、客戶而不自知。或誤以為尊重就是「拍馬屁」，自己只想憑真本事工作，不想做那些虛偽的事。結果忽略了禮貌，也不重視與上司、前輩建立信任關係。

職場上要做到尊重他人，第一，「少批評，多做事」，本著虛心的態度，向前輩及主管多請教、多傾聽。批評別人不但不能展現你的

能力，反而減損你的工作績效，放大你的驕傲與不合群。

第二，尊重主管的職位與職權，尊重同事的資歷與經驗。無論他人的職位或能力如何，都要尊重他人的形象、名譽與個別差異。

當我們懂得尊重他人，才能進而包容、欣賞，最後接納並肯定所有的團隊成員；這樣別人也會以同等的態度對待我們。

3. 責 任

人們通常自認有責任感，實際上卻不是如此。要避免落入「自我感覺良好」的陷阱，就必須重新檢視責任的本質。負責任除了表現在處理分內工作之外，更重要的是遇到突發狀況時的應變能力與態度。

一般人遇到問題總是找藉口迴避，或將責任推卸給他人。這樣的態度，不僅造成同事、主管的負面印象，也讓自己失去學習與突破的機會，更可能因此遭到革職。唯有勇敢面對問題、承擔責任，努力尋求方法以解除危機，才能從中成長。即使努力過後仍舊失敗，負責任的態度還是會獲得他人的信任與尊重。

4. 積 極

在心境上要樂在工作、享受工作，每天都精神飽滿。能主動與同事、主管打招呼，並展現愉快的心情。若一副嚴肅或無精打采的樣子，說話有氣無力或冷漠，一定無法得到主管、同事的好感。要主動協助主管、同事，一起分擔工作（即使不是分內的事）。發現有問題時要提問，並積極尋求解決的方法。要爭取具有挑戰性的工作，不要等主管指派了，才不得不去做。

優秀員工與一般員工的差別，在於對工作是否積極。一般員工會想：「公司為我做了什麼？」優秀員工則想：「我能為公司做些什麼？」若希望工作上有更高的成就，相對的就必須付出更多。幫助主管「分憂解勞」，才能獲得上層的賞識。

5. 感　恩

工作時為什麼需要感恩？除了是基本禮貌，也是深層、內化的「情緒勞務」。情緒勞務是指為了表現專業而展現的態度，深層的情緒勞務是內在真誠的感恩，不是表面上強迫自己表現的職業性笑容，是一種振奮人心的態度。當我們充滿感激，就不會抱怨連連、憤憤不平。

十八世紀法國的啟蒙思想家、哲學家、教育家、文學家盧梭 (Jean-Jacques Rousseau) 說：「沒有感恩就沒有真正的美德。」要感謝擁有的美好祝福，感謝獲得的大好機會，感謝雙親、家人、朋友和教過你的老師，感謝每一位以不同方式幫助過你的人（不管認識與否）。

6. 學習意願

微軟創辦人比爾‧蓋茲 (Bill Gates) 說：「如果離開學校後不再持續學習，這個人一定會被淘汰！」畢業不代表學習的終止，在職場上更要在各方面多加學習。尤其剛投入職場的新鮮人或是轉職人，對於新公司的狀況還不熟悉，一定要虛心向前輩詢問，盡快吸收相關資訊，快速融入企業的整體運作。公司要求的進修活動「務必參加」，不要跟不上組織進步的腳步。

對於提升個人的專業素養，則要自行規劃短中長程目標，有計畫、有方法的進修，增加專業領域知能，才能保持自己在職場上的戰鬥力。

7. 認　真

在日本成為「職人」(shokunin) 的關鍵，在長久時間鍛鍊產生的「技能」，而此技能可以「繼承」下去。「職人」有強烈的自尊心，常把工作好壞與人格榮辱相連。他們對於工作的嚴肅認真及手藝的熟練，有著超乎尋常的追求，甚至超出使用者的需要。儘管有時在外人眼中覺得沒有必要如此，但「職人」的精神仍然令人尊敬。

除了手工藝品（尤其是傳統的工藝品）的職人，從石工、木工、

庭院設計、鷹架、瓦、竹、玻璃、塗裝、櫃子等，金屬加工技術也被稱為「技術職人」。在食品相關的領域，日本的懷石料理或壽司等，均有職人的存在。

在工作上想要自我超越，除了靠自己的才華，最好能拜師學藝以及運用團體動力。包括：尋找工作上的教練、跨領域學習、組成或進入優秀的團隊。參加競賽，也是讓自己「大躍進」(big leap) 的好方法。因為「強中自有強中手，一山還比一山高」，你以為已經很好的成果，在職人或高手看來還有很大的進步空間。但，是否能夠進步，主要還是看你夠不夠虛心，能不能像海綿一樣完全吸收別人的精華？

⚙ 生涯情境模擬

老爺酒店集團執行長沈方正說 (2019：82-83)：

歸納起來，所謂對工作的認真，可以分幾個層次：第一，是把自己手上事情做到極致，即便是小細節也有所堅持，不隨便退讓；第二，是不局限於目前的職掌範疇，主動延伸到對前後上下相關業務的徹底了解。比起「聽別人說」，不如自己主動去探究清楚，真正「知其然，更知其所以然」。

不管選擇哪件事，認真，才會帶你成為一個領域的專家；認真，才會讓你真正地建立自信與成就感。

看到沈方正的工作態度，也許有人質疑，對每件事都這麼認真，不累嗎？然而對於成功者來說，認真的態度是對自己「活著」的一種體現，他們不會計較付出會帶來什麼直接的報酬。

> 沈方正提醒年輕人，與其感慨環境太差、機會太少、努力無用，不如逆向思考：「既然機會已經少了，再不認真，不是連一點機會都沒有？」

第三節　管控工作中的情緒

在工作中，為什麼要管控自己的情緒？廣義來說這是「敬業精神」，也就是「投入」，不因為個人情緒而影響專業判斷及工作表現。

管控情緒的價值

四度榮獲美國心理協會 (APA) 最高榮譽獎項、兩次獲得普利茲獎提名的哈佛大學心理學博士丹尼爾・高曼 (Daniel Goleman)，也是美國《時代》雜誌的專欄作家，於 1995 年出版《EQ》一書，改變了過去「高 IQ 等於高成就」的傳統觀念。他主張，EQ 才是人類最重要的生存能力。此書每十年再版及更新一次（2005 年、2015 年），在 1995 年最初版本的「前言」中，他說（張美惠譯，1996：13）：

今天我們看到社會秩序以前所未有的速度在崩解，自私與暴力不斷腐蝕良善的人心。我們所以要大力鼓吹 EQ，實是著眼於情感、人格與道德的三合一關係。越來越多的證據顯示，基本的道德觀實源自個人的情感能力。……無法克制衝動的人，往往便是道德實踐上的弱者，……同樣的，利他精神的根本是同理心，如果你不能感受他人的需要與絕望，又如何奢談關懷？而自制與同情，正是這個時代最需要建立的兩大道德支柱。

　　《EQ》出版不久，接著丹尼爾‧高曼又出版《EQ II：工作 EQ》一書（李瑞玲等譯，1999：30-31），他發現現代孩子的 IQ 日益聰明，EQ 卻呈現下降狀態。最明顯的癥兆為絕望、冷漠、藥物濫用、犯罪、暴力、憂鬱、飲食失調、意外懷孕、恐嚇、輟學等現象。職場上也有類似狀況，從雇主的調查發現，半數以上員工缺乏工作中繼續學習的動機，四成的人無法與工作夥伴分工合作，新進員工缺乏社交技巧，太多年輕人受不了批評。所以，組織中的個人、團隊如果改善「情緒智商」(Emotional Intelligence)，就可以提高績效。

　　「工作 EQ」包括五類情緒智力，前三類為「個人能力」，如自我察覺 (self-awareness)、自我規範或自律 (self-regulation)、動機 (motivation)，後兩類為「社交能力」，如同理心 (empathy)、社交技巧 (social skills)。

　　「工作 EQ」的內涵十分豐富，需要學習的地方也很多。以「自我規範、自律」來說，不能因自己的情緒不佳而妨礙工作進度，或因心情不好而與人起衝突。遇到工作環境改變時，要設法適應、自我更新，而非一味抗拒、固執己見。

　　職場上須加強「同理心」，才能「感受他人的情感與觀點」（包括客戶、上司、同事）。若不夠了解，則會不小心得罪或觸怒別人。反之，最受歡迎的同事則「有團隊精神、樂於助人」，除了克盡己責，也時常關心同事及主管。不吝提供自己的專業服務，並時時鼓勵及讚美工作夥伴，創發他人的正面情緒。

　　如今，外在世界更加動盪、產業興衰難以預測，個人的情緒容易受到影響而起伏不定，維持情緒穩定以及個人的情緒管理更顯重要。可以非洲叢林醫師史懷哲為楷模，雖然時代已久遠，其實歷久彌新。

　　史懷哲不僅是「社會企業」的創業家，更是「自由工作」、「知識零工」及「斜槓青年」的先驅。一個世紀以前，在各方面的條件都很差的時代，史懷哲即為了自己的志業而無懼、無悔。而今，我們更沒有藉口退縮，要懂得如何自我激勵與自我振奮，才能帶領志同道合者一起奮鬥。

🎓 生涯楷模

　　史懷哲（摘自王淑俐，2006：41-47）覺得能自由單獨工作的人，是得天獨厚的；應該以十分謙虛的態度，來適應這種優遇。不要碰到困難就勃然大怒，反而應該說：「困難是免不了的！」

　　要行善，就需要有堅強的意志力。史懷哲說：

　　　　如果有人問我是悲觀者或樂觀者，我會說在知識方面是悲觀者，我的意志和希望卻是樂觀的。

　　他看到四周的人及整個生命的痛苦，不禁生出同情心及無限嘆息。他說：

　　　　我對世界上的痛苦問題很關心，但不因思索這問題而茫然若失。我深信如果我們每個人多少都能貢獻一些力量，這問題多少也能獲得解決。我漸漸明瞭，每個人可照自己的意思去做事，但須以合力解決痛苦為目的。

　　史懷哲一生飽經憂患、艱難，但他知道：「如果我的意志

不夠堅強，精神上一定因受不了沉重的負擔而頹喪。」所以他頗能正面思考：

> 我很少為自己個人而活，即使和我的妻兒共敘天倫之樂，也不可多得。但我覺得自己很幸福，我能夠做慈善工作，而且一向都能達成目標。我從別人得到很多的關懷和厚愛，我有很多忠實的助手一同參加工作。我有健康的身體，使我足以勝任沉重的工作。

> 我的個性不偏不倚，保持平衡而少變化，因此能在安然平靜中工作下去。而且我能體認命運中的這些快樂，這姑且也算是我得到的報償。

情緒失控的原因

情緒的發生與大腦特定部位有關，首先是位於腦底部的杏仁核（Amygdala，屬於邊緣系統的一部分，形狀類似杏仁），掌管焦慮、急躁、驚嚇及恐懼等負面情緒，故有「情緒中樞」或「恐懼中樞」之稱。

感覺器官接收到訊息，會經由兩條獨立路徑送達神經中樞。大部分的感官資訊直接傳送至大腦皮質處，經由數條迴路進行分析，才會產生合理的反應。另一條資訊傳遞途徑，則經由間腦直接傳送杏仁核，這種聯繫十分快速，但常無法做出正確而精準的判斷。

面對突如其來的刺激，大腦皮質還在努力針對各種感官資訊進行分析時，杏仁核已搶先用恐懼這類強烈情緒來支配身體反應，是一種保護身體、免於受傷的機制。

　　情緒是個體對環境危險或安全的評估，個體依情緒提供的訊號調整身體覺醒狀態及認知系統的運作。認知評估是個體對刺激內容的分析、解釋與推論，分為三個層次：

　　1. 初級評估：了解刺激或情境對自己的意義、威脅、傷害或利害得失，能對真相有較正確的覺察。

　　2. 次級評估：經過次級評估，情緒將趨於平穩，不那麼焦慮、緊張、憤怒或沮喪。此時次級評估即是選取有利的因應方法或行為反應，讓負面情緒更加緩和。

　　3. 再評估：注意情境中的新變化或新訊息，經整體考量後，重新評估因應策略是否得宜，再修正先前的評估和因應方法。

　　適當的「情緒調節」，對我們的社會化及心理健康都有幫助。整合情緒與認知訊息的能力，屬於情緒調控的範疇。有效整合即是好的情緒調控，反之，則為較差的情緒調控。

　　以職場女性來說，常有人批評為「情緒化」。若想獲得職場的成功，女性在管理下屬時不宜情緒激動，面對挫折時須採取正面態度。總之，要表現得更冷靜、不疾言厲色，對於未達目標的同事則能要求其提出解決方案。

　　認為女性較「情緒化」，是對職場女性的刻板印象。不讓自己陷入疲累急躁之中，「保持笑容」、「放輕鬆」、「就事論事」，其實是所有職場工作者必須學習的功課，絕非女性要特別學習。

增加正面情緒有訣竅

　　由研究已知，左前額葉較活躍時，正面情緒表現較多。所以丹尼爾‧高曼建議大家要多創造正面情緒，使左前額葉更活躍，就能從工作中得到滿足，或覺得人生很有意義。

美國耶魯大學有史以來最搶手的一門課，是勞麗‧桑托斯 (Laurie Santos) 開設的「心理學與美好生活」。學生須完成一連串的「快樂」作業，包括每天空出十分鐘，記錄值得感謝的人事物，以及放下臉書和推特，與家人面對面溝通，培養快樂的好習慣等。桑托斯（林若寧，2019：85-87）以科學研究為基礎，歸納十個關於快樂的洞察。簡述如下：

洞察 1：不被生活際遇左右 (Our life circumstance don't matter as much as we think.)

不論中樂透等大獎或遭遇車禍而失去雙腳，當時的心情也許無比快樂或跌落谷底，但半年後又如何？生活際遇所造成的快樂、悲傷是暫時的，生命的情境不能決定我們是誰。

洞察 2：看見「還有半杯水」(We can control more of our happiness than we think.)

如果眼前有半杯水，你是覺得「只剩一半」或者「還有一半」？光是這麼微小的念頭，就決定了你的情緒。每個人都可以決定自己的快樂程度，端看你著重「失去多少」還是「擁有多少」？

洞察 3：努力練習「更快樂」(You can become Happier but it takes work & daily effort.)

「心理學與美好生活」這堂課不是靠交報告就能獲得高分，而是必須為自己的生活帶來正向改變。無論你現在幾歲、收入多少，快樂都是必須好好學習的功課。

洞察 4：不從欲望中找快樂 (Your mind is lying to you a lot of the time.)

人永遠渴望更巨大的目標，事實上，越有錢並不會越快樂。薪水成長，快樂並不會倍數成長，豪宅名車也不是追求快樂的答案。

洞察 5： 和 親 友 真 實 互 動 (Make time for making social connections.)

人們常常花很多時間瀏覽臉書和推特，幫朋友的貼文按讚，以為就有很多朋友，但那不是真實的互動。要真正跟家人、朋友、愛人相處，這樣的快樂感遠高於自己一個人。

洞察 6： 試 著 為 他 人 付 出 (Helping others makes us happier than we expect.)

當我們把專注力放在別人身上、試著為別人付出時，對於自己人生困境的執著就減少了。若能學著把錢花在別人身上，會讓自己更快樂。

洞察 7：寫一封感謝的信 (Make time for gratitude everyday.)

寫張卡片給你想要感謝的人，最好親自交給他或者為他朗讀，幸福的程度都會明顯提升。

洞察 8：睡飽睡滿，好好運動 (Healthy practices matter more than we expect.)

多做對健康有益的事情，定期運動、有氧運動是最好的抗憂鬱藥。保持充足睡眠，否則免疫力會下降，發生意外的機率會增加。

洞察 9： 擁 有 自 己 的 時 間 (Become wealthy in time not in money.)

擁有充裕時間的人，比金錢上的富有更加快樂。不管再忙碌，都要記得為自己保留時間，「心」才有快樂的空間。

洞察 10：感受並享受當下 (Being in the present moment is the happiest way to be.)

感受自己的呼吸，在一呼一吸之間，感覺身體的起伏。如果你坐著，問問自己現在有哪些感受？椅子的觸感如何？呼吸是深還是淺？

　　情緒對於個人的身心健康，有著重大的影響。若能從積極角度看待事物，就能增強信心、樂觀奮鬥；反之，就會消極無助、悲觀退縮。如何培養積極（正面）情緒，克服消極（負面）情緒，是職場成敗的關鍵，值得用心學習、自我突破。

　　上述十個洞察只是參考，要「知行合一」，絕非理論或嘴上說的那麼簡單。若你目前覺得自己不快樂的時候居多，無需自責；只要不放棄，還是有機會、來得及扭轉。不只是救自己，還有機會救別人。

 生涯規劃資源

書籍：《藍海策略：再創無人競爭的全新市場（增訂版）》W. Chan Kim, Renée Mauborgne 著，黃秀媛、周曉琪譯（天下文化，2015）

　　兩位作者研究了百年來三十家企業的一百五十個策略個案，以如何開創無人競爭的全新市場為主題，歸納出六項原則，進而寫成《藍海策略》。書籍甫一出版，旋即受到企業經理人的關注與推崇，成為十年不墜的管理經典。增訂版透過補充後的八項原則，持續幫助企業經理人迎接挑戰。

1. 藍海策略是以數據資料 (data) 為基礎。
2. 藍海策略追求差異化和低成本。
3. 藍海策略創造了無人競爭的市場空間。
4. 藍海策略是透過工具和架構來執行。
5. 藍海策略提供了一套 step-by-step 的流程。
6. 藍海策略既開創最大商機，也讓風險降到最低。
7. 藍海策略將執行力植入了策略之中。
8. 藍海策略指引你如何創造出一個雙贏結果。

生涯筆記

第**6**章 職場倫理與人際溝通
——別把溝通想得太簡單

　　人際溝通並不是演講、辯論比賽,演辯高手不等於就是溝通高手。有些人在與別人接觸時,意見不和即無法讓步,不能虛心接受批評、建議,更不願妥協。這就是有人「小時了了,大未必佳」的原因,因為自我中心——心理年齡不夠成熟(成熟度不足),不能與人團隊合作;不僅事倍功半,還要自負盈虧、自嚐苦果。

　　大學階段是進入職場的最後裝備機會,之後就要脫離父母師長的

呵護，自己獨立作戰，承擔完全責任。遇到委屈或困難時，不能一味躲回「避風港」──向老師告狀或交由父母出面解決，得自己勇敢地迎向風浪。

面對職場人際關係，需要「戒慎恐懼」，否則容易遭到挫敗而「摔得很慘」。如果不希望跌倒後爬不起來，希望努力後能有回饋，就得從「做人」學起。

第一節　校園、職場，人際關係大不同

大學時的社交圈僅限於老師、同學、打工的夥伴，人際關係相對單純。進入職場後則要面對不同年紀、背景及職位的上司、同事、客戶，甚至是競爭對手，比學校及教室複雜得多。

在學校犯錯能被原諒，上課遲到或遲交作業，只要跟老師說個理由就能被原諒，考試不及格可以補考，課程被當掉就重修，翹課也很平常，穿著更是個人的自由。師生、同儕之間幾乎平等、不存在明顯的階級關係，即使不跟老師或同學互動也沒關係。

但職場有規範、紀律及倫理，不能我行我素。遲到會扣全勤獎金、影響考績，請假不能隨心所欲，翹班更是大錯。犯錯就要負起責任，不但對自己，更要對公司負責。小小的錯誤即可能影響公司運作，造成難以彌補的損失。見到主管與同事要打招呼，注意進退應對的禮貌。加上主管的績效要求，使職場人際關係充滿壓力及緊張。

職場如戰場，「適者生存，不適者淘汰」。想從眾多競爭者中脫穎而出，就得努力成為企業所需的人才。工作團隊不僅有合作關係，也有競爭關係，沒有那麼單純。總之，經營職場人際關係要付出足夠時間、心力，才能「趨吉避凶」。

　　要常自省的是，個人的專業能力是否足以讓上司、同事信服？能容忍與己不同的意見嗎？業務執行與情感維繫之間，要如何公私分明、維持適當的界限？這些不因為你知道很多人際溝通的理論，就有正確答案；要經過實踐與修正，才能真正領悟與成功。

人際關係發展階段論

　　1983 年，Joseph A. DeVito 提出（洪英正、錢玉芬編譯，2003：275-290）人際關係發展五階段論，以職場關係說明各階段的重點：

1. 接觸期

　　是人際關係的開始，彼此打量對方，以決定是否繼續交往。衣著乾淨、自信、保持微笑，會給人留下較佳的第一印象。此階段是基於工作職務的往來，屬於表面淺顯關係。

2. 涉入期

　　彼此進一步了解對方的人格特質、價值觀、興趣與嗜好、優缺點之後，如果越談越投機，就進入下一個親密階段；如果發現彼此差異很大，即會漸漸疏遠。此時雙方相互分享資訊、想法和情感，這種對別人開放自我內在的歷程，稱為「自我揭露」(self-disclosure)，由此可發展深入的友誼。

3. 親密期

　　進入這一階段，彼此相聚的時間增加、談話的內容深入。在職場上則可能和主管、同事發展出知己、家人的關係，也就是「有福同享，有難同當」。

4. 惡化期

　　感覺彼此的關係不如原先的重要與滿意，內在的不滿累積後就進入惡化階段。如果可以適當解決，感情會更堅固。此時的修復，先以

個人內在修復為主，也就是檢討自我缺失或修正對別人的期望。接著會和對方或團隊討論關係中的問題，以及自己願意付出什麼代價來解決衝突。如果難以挽救，就進入解體期 (dissolution)。

5. 解體期

人際關係的解體，對不同的人感受各異。有些人感到無比痛苦，有些人卻覺得是解脫。之後有些人選擇和對方完全切割，有些人則回到最初的表面接觸期或涉入期，減少接觸的廣度與深度。

職場溝通的困境

人際相處與互動比想像中困難很多，戀愛的故事多麼浪漫，翻臉後可能令人膽顫心驚。當我們歌頌親情的時候，兒虐或弒親案件在社會上也不少見。即使血緣關係或誓言永遠相愛的情侶、夫妻，都可能變質，何況素不相識、「被動」成為團隊的工作夥伴？人際關係會經過上述發展階段的考驗，不可能「不勞而獲」或沒有理由就分離。職場上有哪些溝通困境可以事前預防？

1. 溝通本身的障礙

溝通是訊息傳遞的過程，雙方難免以自己的價值判斷作詮釋，或只注意自己感興趣及期待的訊息，甚至在未完全了解溝通訊息之前就下結論。

雙方的情緒或態度，也會影響訊息的發送（編碼）和收訊（解碼）。例如相同的訊息在生氣、煩惱、快樂等不同情緒下，就有所差異。身處負面情緒時，容易對訊息吹毛求疵，而使溝通產生障礙。

知道這些溝通本質上的障礙，就要專注聆聽，避免受自己主觀與情緒化的負面干擾，相對的也要多體諒對方的好惡與情緒反應。

2. 職場上缺乏溝通的氛圍

組織中，沉默或缺乏溝通，是潛伏的溝通障礙。缺乏溝通就缺乏資訊，資訊不完整或不正確，就容易導致管理者做出錯誤的決策，造成內部不安，更易受到「假訊息」的影響。

員工若大多採取沉默態度，意味著組織運作已有問題；可能是權力過於集中、領導者不喜歡反對意見、上下之間對立、同事之間不和諧甚至已有派系對立。總之就是向心力不足，所以難以高度投入工作。

如果企業文化不鼓勵勇敢表達，甚至覺得忠言逆耳；員工在努力溝通之後覺得無效，就會選擇沉默以對，否則就得有「擇良木而棲」的離職準備。

3. 跨世代合作的困難

據《Cheers》雜誌「2020企業最愛大學生調查」（吳佩旻，2020），企業端認為，新世代工作者「個人主張較強烈」(57%)、「流動率高」(45%)，是普遍具備的鮮明特質。年長者想以自身經驗規勸年輕人時，他們較不易接受指導，甚至覺得是責備。上下之間的意見不合，也是年輕人容易離職的原因之一。

如今「多世代」的職場生態裡，大家都要突破年齡限制，學習跨世代溝通。主管要改變帶人方式，減少權威、理解年輕人的思維。各年齡層的員工要相互聆聽、使用對方的語言，打造無障礙溝通的團隊，才能達到最佳的工作成效。

4. 伴君如伴虎的擔憂

若發覺主管對你和別人是兩樣情，在工作分配、績效考核或升遷加薪上，似乎有兩套標準。這時就要趕緊找出原因，可能是自己的行為需要調整，也可能是你與主管彼此的頻率不對。已是成年人的你，該怎麼面對這種狀況？能虛心檢討自己哪裡需要改進嗎？**若不知道主**

管不滿意你的地方，就會形成惡性循環，使你們終將「分手」。

　　和主管或老闆理念不合，多數人會選擇「不溝通」，勉強配合或消極抵抗，但可能會有壓抑不住的一天。另一種極端的表現，是將自己的意見直接表達出來，但不小心就「不成功，便成仁」，到頭來還是離職。

　　其實，與主管理念不合是很正常的事。因為主管位階高，雙方的資訊不對稱，責任及考量也不同。公司經營成敗的責任要由主管扛，所以下屬不宜妄自尊大，以為自己的意見一定要被採用。但基於幕僚或專業的堅持，還是要適時提出具體建議或方案。主管有時也須接受公司異議分子的意見，可能帶來挑戰及超越現狀。

🧠 生涯情境模擬

　　報載（章凱閎、蔡佩蓉，2018），三十歲的臺北市議員苗博雅表示，自己並不同意長輩認為年輕人是「草莓族」（眼高手低、好高騖遠、吃不了苦、整天只想拿好處）。因為不同世代體驗不一樣的社會現實，長輩成功的經驗和故事，已經不被年輕人相信。長輩出社會時，正好是臺灣經濟的擴張期，有很多職缺被創造出來。現在的年輕人雖然學歷更好、工作能力不差，但已沒有那個時代的機會。面對的情況更加嚴峻，工作職缺越來越少。

　　現在年輕人重視的是自己的生活有沒有變好，不要吃到有毒的東西，要有最低時薪的保障，能夠按時休假。不想像上一輩，把時間都耗在工作上，沒有家庭生活。

> 所謂的小確幸，是現實生活中經過實際評估之後，可以得到的生活品質提升。年輕人需要小確幸，因為大家要立即可得到的回饋，來鼓勵自己繼續打拚。有人說，現在的青年是厭世代，但厭世只是表象，背後其實是很積極的。一群人透過社群網站互相取暖，建立起集體認同，用嘲諷的方式對政商權貴做出嚴厲批判，這是以前的人想像不到的東西。

第二節　面面俱到的職場溝通技巧

　　職場的人際關係與溝通，比起學生時代複雜多了。因為相處的時間更久、關係的緊密度更大，加上還有職級與位階的差距。如何拿捏職場的人際界限，這不只是門學問，也是「熟能生巧」的說話藝術。

需要修正的溝通方式

　　酸、嗆、辣或網路語言如「是在哈囉」，並不適合職場的正式溝通，只可適度運用於機構的臉書經營。心中若有滿腔抱負或好點子，如何適時、適地、適當表達，才是溝通的重點。

　　溝通能力的培養，最好透過實地演練、反覆練習。所以，大學階段不要錯過演講、辯論、溝通、領導等相關社團、課程、競賽與實習。「及早」修正可能影響職場適應及人際關係的溝通方式，如：

1. 向父母告狀，由父母出面解決衝突

　　現代青年常給人「晚熟」的感覺，與社會接觸似乎有障礙，就連開口辭職都要家人幫忙。但這不完全是年輕人的錯，「直升機父母」

也要負起責任。

當然可以回家向父母傾訴職場的委屈，但不需要他們評評理。因為父母對你呵護備至，一定無法客觀評論。有些女生找像爸爸這樣的情人，因為女兒是爸爸的前世情人，爸爸對女兒「有求必應」。但父母對待你的方式不代表全世界，正常的人際互動是雙向的，不可能只有單方面付出及遷就你。

父母不應「涉入」子女的職場人際問題，但有些父母甚至直接找子女的上司或同事「討公道」，效果適得其反。雖然「情緒性」的幫孩子出了一口氣，其實讓孩子更下不了臺、心理更受傷，甚至變得依賴、不能負責，弱化了處理問題的能力，難以自我反省與改善。

2. 過猶不及，冷漠疏離或衝突緊繃

對於職場人際關係，不論是冷漠疏離或衝突緊繃，都屬於「不健康」的狀態。會影響個人工作滿意度、任務達成與績效，阻礙自己未來的職涯發展。對於組織發展也十分不利，管理者為了解決「凝聚力不足」或「衝突過多」的問題，耗費過多的精力及資源，拖累任務或團體目標的達成。

缺乏有效溝通，是造成人際關係不良，進而影響組織或團體績效的最大因素。要拉近人際距離、解決人際衝突，就要注意態度、控制情緒、節制言語的尺度。

3. 忽略肢體語言帶來的負面訊息

面對面溝通時，每一個身體動作都是其意義（說者無心，聽者有意）。許多人會觀察對方的身體語言，檢視是否言不由衷，探索對方身體語言代表的心理狀態，例如揚眉表示不信任或不贊同、搓鼻子表示困惑、雙臂交叉胸前表示隔離或防衛、聳肩表示不在乎、頻頻看時間表示不耐煩、托腮表示忍耐等。

　　與人交談或開會時，不少人毫不修飾自己的身體語言，彷彿是故意的，如眼睛不注視對方、身體背對別人、一直做自己的事情（包含滑手機、講電話）、遲到早退、表情嚴肅甚至不耐煩、與旁邊的人聊天、打瞌睡或睡覺、不發言等。這些肢體語言象徵你不想聽、沒興趣、不關心對方。就算你沒這個意思，也容易造成誤解，影響上司、客戶等對你的評價。

　　談到溝通技巧，首先都是「聽比說重要」。傾聽是為了了解完整的故事或事件，需專注和用心。有同理心的傾聽又稱「換位思考」，嘗試著體會對方的情緒和想法，理解其立場和感受，站在他的角度來考量和處理問題。

4. 未覺察自己正是「麻煩製造者」

　　職場上「麻煩製造者」不少，甚至自己就是溝通問題的來源，例如說話太直接，不喜歡或不同意時立即否定對方，一直說別人的缺點，自以為是、不謙虛，要別人配合你，不懂得感謝，不接受批評，說太多負面的話（潑冷水），任意批評、出口傷人（尤其在公開場合），自作聰明、不能虛心請教等。

　　企業或主管都希望同事之間能相互協調合作，尤其是新進員工，除了尊敬上司也要看重前輩，及早融入團隊。新人只要態度好，有禮貌又謙虛，前輩都樂於指點。當然不能過度依賴前輩，一有問題就立刻找前輩，也會令人困擾。工作完成或受到讚揚時，別忘了感謝前輩與主管的指導；別以為都是自己的功勞而過河拆橋，或認為自己足以獨力完成工作，不需要前輩或同事「干涉」。

　　資深同事也不可因為自己經驗豐富而倚老賣老，反而成了改革或進步的阻礙，這也是「年齡」可能造成職場發展障礙的原因之一。不論什麼年齡，都要保持活力與創意，關鍵就在有彈性、肯學習，這才

是職場生存的不二法門（包括前輩、長輩）。

5. 被難溝通的人與事擊垮

未進職場之前，對於難以溝通的人，可以不來往、冷回應。但工作上要「面對」各式各樣的人，不能只跟熟悉或喜歡的人溝通。不論面對，怎麼難以溝通的人，還是要有耐心、不帶負面情緒，才能弄清楚對方真正的意思，以及自己或機構需要改善的地方。

校園生活單純且安全，很難理解職場的人際角力。蘋果電腦創辦人賈伯斯 (Steve Jobs)，曾被合夥人及董事會聯合「開除」。就連才華洋溢的賈伯斯都不免因溝通困境而重創，我們又怎能掉以輕心？

職場溝通的困境很多，例如被責罵、冤枉或惡言相向。從前你可以選擇躲開，與人保持距離甚至不相往來，但職場上卻不能。若無法與上司、同事、客戶等溝通良好，必將處處碰壁、懷才不遇。「會做人，才能把事做好」，不只要把自己分內的工作做好，更要終結孤單、廣結善緣。

其他諸如：怎麼跟老闆談加薪、升遷？職場上被同事或客戶針對性的批評時，該怎麼處理？如何為自己爭取、創造表現的機會？如何向職場上不合理的要求說「不」？如何面對一再的溝通失效？這些都是職場溝通經常面臨的「難題」，能解決才能證明我們具有溝通功力，也是企業對人才鑑別的標準之一。

6. 電子化溝通衍生的弊端

電子化溝通增加了人們取得資訊的機會，但也要同時處理資訊暴增的困境。電子化溝通的優點是隨時進行，不受「面對面」形式及書信往返費時的限制，可大幅節省人力、物力、財力及時間。但也面臨資訊安全的威脅、資訊真假辯別的挑戰，以及資訊過量時「被忽略」（不確定有否傳達到）。

電子化溝通被廣泛運用於職場，無論是上級交辦事務、與其他機關的聯繫，或不同部門間的溝通，使處理事務變得更有效率。但電子化溝通因彼此的情緒反應無法真實表達，缺乏人際之間特有的情感溫度，忽略應有之禮儀等，使人際之間變得較為冷漠、無人情味，較難提振員工士氣，降低職場人際關係的親密度。

電子化溝通改變了人與人溝通的方式，對於人際關係的建立及維繫，產生負面的影響。例如較難取得「非口語溝通」的線索，無法滿足人際關係的需求。因為缺乏「面對面」的互動（至多可採錄音、電話、視訊來彌補），較不利於培養信任感及團隊精神。

網路交流越來越方便，卻也更容易在不知不覺當中傷害他人。常在社群媒體上看見網民對別人的指責及批評、自由抒發己見卻造成負面效應的發酵擴大，最終可能像回力鏢一樣轉回頭傷害到自己。

第三節　職場倫理與團隊合作

職場溝通有幾項重要原則，第一，認清上下階層與權責關係，不能「以下犯上」或「不服領導」；第二，注意言語中是否帶有「言下之意」或「弦外之音」，甚至「話中帶刺」。說話或發訊息之前應多想一下、再檢查一遍，以免造成誤會；第三，積極聆聽，不只是專注在對方說話的內容，更要積極給予回應。適時的用肯定語氣歸納對方的發言重點，使其了解你認同他的程度。

職場倫理

職場倫理為什麼重要？尊重主管是必然的，還要虛心地多向資深同事請教。不能當獨行俠，要重視團隊，多與人交往及參加團體聚會、

聚餐，主動幫助同事及其他部門以累積人脈。職場的人際階層如下：

1. 上行溝通 (upward communication)

與上司維持「有點黏，又不能太黏」的關係，分寸要拿捏準確。與主管建立好的關係，是職場人最重要的課題（周春芳，2019：19）。但因與上司年齡、背景、個性與地位有頗大差距，常導致「上行溝通」的障礙，如（周春芳，2019：85）：

> 許多職場人不樂意也不擅長跟主管親近，總是與主管保持距離，更糟的情況是與主管處於對立關係！……與主管關係好，對自己的工作及職涯發展，絕對是正面的。

不少人有程度不同的溝通焦慮，尤其在職場上，可能本已畏懼主管的權威，萬一主管的言詞較為嚴厲，自己一時又對答不上，就更加焦慮與逃避。

有很多機會可以跟主管建立情感，只要細心、體貼，很容易博得主管的好感。偶有差錯時，也能得到主管的包容與指導。反之，對主管冷淡、強硬，即便有好的業務表現，也難以得到主管的真心相挺。

上行溝通時，有些小事最容易「因小失大」，導致主管對你的不信任；例如向主管「回報」這件事，就不可輕忽。主管交代某些事情，一定要記錄清楚。即使還沒有完成，也要在過程中回報進度。這不像是學生時代的作業，時間到了再交即可。職場上若等主管催促了才回報，通常已經太慢。工作若發生困難時，更不要拖延回報的時機。可以先做些努力，再向主管回報，同時提出若干解決問題的方案。

要注意主管特別關心哪些事情，這類事情就需要頻繁回報。若主管催促多次，就表示你已跟不上主管的腳步，影響主管對你的信任，

甚至會懷疑你的工作能力。當然「跟催進度」與主管的性格與行事作風有關，要仔細觀察與配合。

初入職場者常覺得資深者或主管保守、跟不上時代，這是因為職場新鮮人較理想化，不了解前輩及主管受限於法令規定及現實考量，而且上下之間的工作範圍、職責、眼界及關注點都不同。因此，別急著表達不滿或提出「糾正」，否則容易讓人感覺你恃才傲物、不尊重上司與前輩，也難以與上司、前輩等建立良好的關係。

2. 平行溝通 (horizontal communication)

組織中同一層級的人員或部門，常需要相互協調與支援。平時就要主動聯繫與關心同事，先對別人伸出援手，等你忙不過來或有困難時，他們才不會袖手旁觀。平行溝通可以促進單位或人員之間的了解，消除本位主義，培養情感、滿足社會需求，加強組織的凝聚力。

但有時相同或不同部門因競爭資源，而導致彼此對抗、衝突。此時就要有人出面主持公道、當「和事佬」。擔任和事佬的人，不一定是主管，可以是資深前輩或能服眾的同事（非正式領袖），也就是「人際智能」特別高的人。「人際智能」可以培養，透過觀察學習，多「模仿」和事佬的胸襟、智慧與做法

3. 斜向溝通 (diagonal communication)

指機關組織內不同單位部門及不同層級之間的溝通，善用斜向溝通可以簡化溝通路線，縮短溝通時間，有利於跨部門合作。但最好先向主管說明及取得同意。除非遇到緊急情況，必須先斜向溝通，但事後要盡速向主管報告，以取得支持理解。

斜向溝通可擴大職場倫理的範圍及力量，也就是說，不只有同單位的人員才是人力資源，不同部門的主管也是你的上司，其他部門與你同層級者都是你的同事。大家互相認識、建立友誼、分享資源，打

破自我中心，可共同將活動辦得更好，工作績效也更高。

4. 下行溝通 (downward communication)

不僅下屬要學習如何與上司配合，上司也要學習如何帶領與指揮下屬，包括與個性差異大的下屬有效溝通。否則一旦「上下對立」，下屬陽奉陰違、消極反抗，不僅會抵銷團隊力量，大家也都會感到虛情假意與情緒壓抑的痛苦。因為上司承擔的責任最重，往往最為煎熬。

5. 向外溝通 (outward communication)

包括與顧客及其他合作對象的溝通，要有禮貌、俐落、負責、有同理心、尊重（或顧客至上）、親切、注意肢體語言等，給人留下良好印象，才願意與你或你的公司持續合作。

如果不小心得罪了客戶、合作機構、上層單位等，須盡快處理；除了認錯、改過，也應補償別人的損失。道歉並不容易，但基於團體目標，還是要不計個人榮辱與心情去緩和衝突。

團隊合作

「一個人走得快，一群人走得遠」，如「雁行理論」所說，雁群中每一隻雁鳥展翅拍打，其他雁鳥立刻跟進；藉著 V 字隊形，比單飛更能增加飛行距離。領隊的野雁疲倦了，會退到側翼，另一隻野雁立即接替到最前端領導。飛行在後的野雁也會利用叫聲，鼓勵前面的同伴保持整體速度。當一隻雁生病或受傷了，會有兩隻雁由隊伍中飛下來協助及保護，直到牠康復或死亡為止，然後再一起去追趕原來的雁群。

擁有相同目標的人同行，能更快到達目的地。因為彼此互相激勵與協助，輪流從事繁重的工作及共享領導權。但團隊合作不如想像中容易，一般來說，十個人中約有兩至三人不需費力即能溝通，四至五人需要運用溝通技巧，剩餘的兩至三人即使有十足的溝通能力仍難以

溝通。所以，棘手的溝通對象出現時，是常見的壓力與考驗，藉此可磨練自己溝通的功力。但結果必須「雙贏」，找到滿足雙方需求的最佳路徑。了解對方性格的優、缺之後，較容易包容他人的缺失，使處事更圓融，無形中也能修正自己性格上的缺失。

千萬別認為人際交往浪費時間，其實社交活動的好處很多，如：多認識各領域的新朋友，避免孤陋寡聞。多向人請教，使工作更快速達成目標。好好經營人脈，使團體成員各自發揮專長，眾志成城的力量十分驚人。

對於團體事務，如果能不自私、不計較、願意付出，別人一定會欣賞及感激你。表面上是你幫助別人，實際上卻是累積自己的人脈；一旦需要，就有合適的人伸出援手。人脈並非只有知心好友，這樣過於單薄。人脈應擴及不同產業、背景及興趣，尤其要多結交積極、有獨特及前瞻想法的人。

第一次見面之後要做後續聯絡，每隔一段時間要和朋友聯繫與聚會。電話或電子郵件一定要回覆，盡量與人親自會面。要經常增加新人脈，且願意花時間來維持人脈，並與人建立長期的關係。最重要的是，多多關心及支持你的人脈，與人脈的關係更親密。

生涯規劃資源

電視節目：原始生活二十一天

這是 discovery 製播的實境節目，每次徵求兩名志願者，到原始且艱困的自然環境，在沒有任何生活物資，充滿天然災害與毒蛇猛獸之下，共同撐過二十一天。遊戲規則嚴苛且深富創意：

1. 另一人中途可以個人因素而退出。

2. 對方是異性。

3. 一開始要全裸。

4. 只能從現代生活中帶一個工具來。

5. 最後一天必須走出自己所蓋的遮蔽所，前往救難地點。

為了生存下去，兩人要互相合作找水、建遮蔽所、找食物、生火，以及避開野獸、毒蛇、昆蟲等，且不能生病或受傷。有些志願者會因心理與生理狀態而放棄挑戰，另一人不需出言挽留；因為人生道路仍是自己的，留下來的人要繼續奮鬥。

有時候戰友的離開不見得會影響戰力，因為不用照顧失能的夥伴，反而更加專注。失敗或退出的因素很多，但絕對都是強化自己的養分。

為什麼是雙人挑戰？因為夥伴非常重要。一個人的力量有限，不論是體力或技能，所以必須攜手共進。如果整天抱怨同伴，挑戰就會加倍困難。求生技巧固然重要，但跟夥伴的溝通與協調更重要。如果不能互相尊重，就無法好好一起工作；會導致工作效率大減，對求生沒有任何幫助。

節目中的確發現有些夥伴太任性，不顧慮另一成員的感受。自己不高興就不理對方、不跟對方說話，也不分攤工作，棄團隊成員於不顧。跟這樣的夥伴在一起，很難不受到影響，使身心雙方面都很痛苦。後來任性的夥伴退出挑戰，單獨一人的時候，反而恢復了活力與戰力，順利完成挑戰。所以說，不是有了夥伴就一定比較好。有時，遇到「壞夥伴」，不如沒有夥伴。

第三篇　轉換人生跑道

第 7 章

所讀的科系如果覺得不適合

——是否這次我將真的離開你？

在我國的傳統價值觀，常以考上「名校」（至少是公立大學）為成功的指標，但不少人辛苦考上後卻發現，所讀的學系與原先想像有很大的落差。或因選填志願時「選校不選系」，考上名校後還是要轉系。萬一轉系不成功，就只能在不快樂及後悔中硬撐下去。

其實不論所讀是否名校，重點仍應在科系的選擇，以免興趣、能力不合，不知該休學、轉系或轉學？不僅要煩惱「做什麼選擇」，而

且做了選擇不一定就能實現，例如轉系。於是有人決定先休學，有人則嘗試轉系，另有人則「以不變應萬變」仍留在原系，之後再做打算。有人索性不再去想，假裝「西線無戰事」的繼續讀下去。

有些大學設立「大一先不分系」學制，多一年自我探索的時間，大二再選系，可以減緩一些「興趣、能力不合」的問題。但有不少人到了大四、甚至大學畢業多年，仍然不知道自己喜歡什麼、適合什麼行業？

第一節　休學、轉系、轉校的利弊分析

要休學、轉系或轉校？在做決定之前一定要想清楚，是真的不喜歡目前所讀的科系嗎？可以多詢問同學、學長、老師、校友、業界，或到學校的心理輔導或就業輔導單位做「生涯諮詢」，「確定」自己不喜歡或不適合哪些科系，接著再「探索」自己喜歡哪些系，評估轉系的可能、準備轉系的資料（說不定還需要轉校）。或者不轉系，而加修輔系、雙學位與相關學程。

如果還不確定自己的興趣或未來的「希望」，該怎麼辦？眼前不想去上課、甚至感到「絕望」時，可否先休學、給自己一段時間靜一靜？這部分的評估，還需考慮個人的心理狀態及學業成績；以前者而言，如果已有嚴重的焦慮或憂鬱傾向，還是以維護心理健康為優先。即使不休學，因為不想上課，最後仍可能因學業成績太差而休學或退學。不如理性面對這個困境，以免「全盤皆輸」，我們先看看下面這個實例。

生涯情境模擬

我的休學、復學、轉系之路　　　　　　　臺科大　端木軒

　　升高職那年，我在「應用外語」和「土木建築」之間做選擇，家人覺得「英文自己讀就好了，幹嘛特別學？土木建築出路廣、工作穩定，應該選土木建築」。年幼懵懂的我，因為對未來沒有明確的方向，就聽從他們建議，選了土木科。

　　現在才發現，家人對那些科系也沒有深入了解，只根據片面想法就給了我不完全正確的指引。其實，英文方面也有專業能力需要鑽研，土木建築也許出路廣，但經過這些年的體驗，我覺得找到真正的興趣更重要。家人是真心為我好，但現在回頭看，若他們對於大學科系能有更多了解，或許較能幫助孩子往對的方向去。

　　雖然我對「土木」不是特別有興趣，但高職階段仍過得很愉快。各科都應付得來，每天過著單純快樂的生活。高三那年才開始對未來有一些想法，不過仍很模糊。既然踏上土木建築的領域，唯一能做的就是考上理想科大的相關學系了。

　　大一，我被比起高職艱深許多的科目難倒了。儘管花了比別人更多的時間，仍在龐大的數理計算中迷失。對於營建系的各個科目，越來越沒有興趣，我開始認真問自己：「這樣的未來是我想追求的嗎？」

　　休學前，我過著渾渾噩噩的日子，上課滑手機、玩遊戲，除非老師點名，否則從不發言。下課和朋友打球，回宿舍玩電腦或吹冷氣睡覺，過著耍廢的日子，到期中或期末考才抱書猛讀。大一下，很多科目都表現得很差勁，系上排名幾乎墊底。

加上家裡出了嚴重的狀況，讓我很擔心，更無法靜下心來讀書，甚至無法好好生活。

我知道必須改變現況，既然家裡有事要處理，我也想積極尋找人生方向。於是我鼓起勇氣，決定先休學一學期。

休　學

休學的第一個月，眼看同學都去上課，只剩自己待在宿舍。龐大的孤獨感不斷襲來，脫離群體使我不知所措。我知道該好好利用時間，但面對一個人的世界，連出門吃飯都是挑戰，自主學習更是困難。實在不習慣這種日子，於是我開始想辦法。既然待在房間很悶，何不到外面的世界見見不同的人，獨自旅行或靜下來思考未來，做一些在大學裡體驗不到的事。

因為體會過一些很難受的情緒，我心裡總有特別想幫助別人的感覺。於是我到某間愛心教養院當志工，陪伴有極大障礙的孩子，餵他們吃飯、上課、玩耍。意外的是，我並沒有體會到助人的踏實感，每次回家的步伐越來越沉重。因為覺得無能為力，無法給他們太多幫助，想著想著就一遍又一遍的溼了眼眶。反而是他們教導我要把握每分每秒，教了我在大學裡沒有開設卻極重要的必修課——「珍惜」。

在教養院我認識了一個提醒我要樂觀、勇敢的人，他是四歲的小男孩凱樂。神經系統有著先天的嚴重問題，動一根手指，腳也會跟著動，神經相互牽連。他想自己下樓梯，還是擔心會跌倒，我一遍遍的問要不要扶他，他總是給我一個大大的笑容說：「我不要！」他比我勇敢很多，他總樂觀地面對自己的一切。看著他努力試著下樓梯，每一步都無比艱難，最後終於成

功。只是四個階梯而已，就花了半小時，但他仍給我一個充滿成就感的笑容，像在宣告：「我可以自己做到」。

因為我的家庭有較不幸的遭遇，所以更深刻體會人際連結的重要。於是我決定在萬聖節做一個挑戰，做一個寫著「打電話給爸媽，說出你愛他」的牌子，在西門町找路人實行這項任務。

我穿梭在陌生人群中，鼓起好大的勇氣才成功的找到幾組人，有些人甚至主動擁抱我。看著他們打電話給家人，說出平時不容易說出口的話，戴著面具的我，有著無限的感動。原來只要跨出舒適圈，我也能給人帶來溫暖，甚至修復人與人之間的情感。

我也找了很多不同的打工，目的不是賺錢，而是嘗試自己沒做過的事。例如我做過婚宴服務生，感受到服務業的辛苦。在路跑課程擔任工讀生，才發現自己很喜歡與人交流。做過山坡地測量員，對營建系有了更深入的了解。我也做過外送員、鋼琴家教、puma 尾牙的工讀生、音樂會工讀，透過大量嘗試與不同人的接觸、交流，從中學到了不少，這也是認識自己的最好方法。

第一次教別人彈鋼琴，真的是亂教一通，但還是體會到一點教人的成就感，在心裡埋下了一顆教學魂。而且是教外國人（比利時人，Nate），當下真覺得超酷，但也很擔心。完全沒有教學經驗還要用英文教學，真是超大膽的挑戰。經過幾個禮拜，算是漸漸習慣了。但還是會出現突然不知道怎麼表達的時候，就比手畫腳，兩人都尷尬的笑了出來。看著他一點一滴進

步，真的格外開心。

我不是一個好老師，實力也不夠，甚至感覺有點慚愧。但我覺得好老師應該是點燃別人對音樂的熱情，因此延續對音樂的喜歡，因為音樂而開心，這樣就夠了。自己在迷惘困惑和孤單的時候，經常靠著鋼琴和音樂產生力量，所以也希望帶給別人這些。

休學像是在漫漫的宇宙中漂流，在無邊無際的銀河中，誠實面對最真實的自己。在陌生的星球間冒險，最終找到深埋心底的答案。

復　學

過了八個月休學的日子，好不容易重回學校，格外珍惜每個學習的機會。現在上課都可以很專心的聽，因為選擇的課都是自己所熱愛，有很多動力去學習。

想想大學走到底，本來就是從一群人走向一個人的過程。現在常見面的朋友，都是和自己非常合得來的，我能全心全意的和他們相處。很喜歡這種感覺，就和用底片相機拍照一樣，因為底片少所以珍貴，而且全心相待。

如今我更加明白讀大學的幸福，比起大一時的渾噩，我在課堂上加倍認真，會主動發言、向老師詢問、和同學交流。休學的經歷，讓我學會珍惜、勇敢，也有更多嘗試。

在體制之外學習，有時才能學到最有價值的事物。雖然孤獨與徬徨是極難面對的情緒，但克服後所帶來的轉變，會化為最珍貴的寶藏。儘管我就要離開營建系，我仍想一直搭建人們心中的橋梁。

　　哪天時光真能倒流，我仍會選擇一樣的休學之路。是這些挫折與艱難，將我的心打造成堅強且溫暖的模樣。想要謝謝自己，謝謝自己的勇氣和決心，謝謝自己沒有放棄。

轉　系

　　小學三年級時，我到某英文補習班補習，小班制、全英文環境及遊戲學習，使我種下深愛英文的種子。升高職選擇了土木科之後，才發覺自己沒有興趣也不擅長。高職三年最好的成績是英文，那時我已經知道未來要往外語方面發展。我的大學之路並不順遂，我不擅長也不喜歡處理數字。大一因為興趣不符、讀得非常痛苦，許多科目也表現不佳。大二上我鼓足勇氣休學，這段休學之旅讓我成長許多，沒有學校的約束，變得更加自律也懂得運用時間。除了每天背單字、跟著英文影片逐句練習發音外，也用很多方式精進自己的英文溝通能力。不只透過英文影片，也和外國朋友交流，即使不在學校也不斷精進自己。最終因著這些努力，我多益考了 875 分，獲得金色證書。

　　復學後，我深深感受到自己與從前明顯不同，當時家庭困境帶來的沮喪及課業上方向不明的迷惘，復學後已不復存在。我已能明確的訂定目標，確信自己要轉應用外語系。

　　復學後的第一個學期，我將營建系的必修課程全部退選，選了應用外語系的必修課程及其他英文課程，如語言學概論、科技英文、國際文化現勢、休閒英文、體育英文及唱外文歌曲的活力合唱課。儘管遠離了舒適圈，我不再能和熟悉的朋友一同上課；但這些和語言相關課程是我極有興趣的，這使我無比快樂，有更多動力去學習。

　　由上述端木軒的休學、復學與轉系的例子來觀察，可以參照的是什麼？

1. 休學可以「止血」或當作「停損點」

　　對前途感到茫然，甚至影響到身心健康時，休學可以「止血」或當作「停損點」，不失為一條建設性的道路。比較起來，身心健康比前途重要，休息是為了走更遠的路。休學一方面可停止繼續「錯的道路」，更重要的是找到「對的道路」。

2. 要有休學後的生活與工作規劃

　　休學並非休息，而是給自己較長的時間，進行多方的自我探索。多嘗試各種工作，如端木軒的外送員、鋼琴家教、puma 尾牙的工讀生、音樂會工讀及志工等。藉著工作或志工的體驗，表面上是賺錢或去幫助別人，真正則是為了得到啟發，自己成了「受助者」，因此更懂得珍惜自己的「擁有」。

3. 訂定復學計畫

　　復學後，端木軒明顯感覺自己與從前不同，曾有的沮喪及迷惘不復存在。在確信自己要轉到應用外語系之後，他立即展開行動，將營建系的必修課退選，提前選修應用外語系的必修課程及其他英文課程。因為所學符合自己的興趣，雖然念得辛苦，但快樂無比。

4. 積極準備轉系

　　端木軒復學後，確定自己要讀的是「應用外語系」，於是積極準備轉系。但轉系的名額很少，就像是個小甄試；若沒有充分及正確的準備，即使些微差距，仍然是白費功夫。到了下一學期，還不一定有轉系的名額。

　　轉系的準備大多為書面及面試兩種。有些轉系之「書面審查」，除了自傳、讀書計畫，還會要求「小論文」。有時轉系書面審查要求

的字數十分驚人（例如至少一萬字），讓人不知道要寫什麼，或擔心寫得「失焦」不獲審查老師的青睞。

通常在轉系的書面資料上都要撰寫「生涯規劃」這部分，切記，這個計畫並不是寫給面試官看的，而是趁此機會好好規劃自己轉系後的學習範圍和方式。考慮的不僅是轉系後本系的學習，也包括想修的相關學程或輔系，甚至之後的研究所進修與職業選擇。

總之，不要閉門造車，盡量多聆聽了解你的師長的建議，多問問轉系成功的朋友（可以透過別人介紹）如何準備，以及選修或旁聽想轉系的課程。準備好備審資料後，也可請上述人員提供修改意見。多接納及參考別人的想法，不要因為沉不住氣而放棄傾聽與修改。盡可能在事前做 120% 的準備，包括面試練習。把轉系準備的層級，提高至職場面試的等級。端木軒後來成功地轉到了應用外語系，其申請轉系的書面備審資料詳見本書附錄二。

第二節　條條大路通羅馬

大多數人可能到高中畢業以前，都「聽媽媽的話」（或聽老師的話），包括前途的規劃，卻不知道自己真正適合的生涯道路。尚考慮要不要休學或轉系的時候，就是一個很好的轉折點。「危機就是轉機」，趁這個機會思考及決定到底該何去何從？人生道路還有哪些？如何靠自己來規劃？自己是不是相信「條條大路通羅馬」？

1. 留在原系，加修輔系、雙學位或學程

是否要轉系，有時也像談戀愛要否「分手」一樣，並不是一個容易的決定。即使碰到壞情人，有時還是想給對方一個改過的機會，或再次確認自己的感覺。因此分分合合好幾回，難以「痛定思痛」（記

取教訓）。

　　還好讀書跟戀愛仍不相同，同時跟多個人談戀愛是不道德的，但多讀幾個學系卻是可行之道。如果不轉系而留在原系，可以做的事包括：加修輔系、雙學位或某些專業學程。「凡走過必留下痕跡」，原來覺得不適合你的學系，在與別的學系跨領域結合之後，說不定會創發出更棒的面貌，例如法國麵包夾梅干扣肉。

2. 轉學（含出國留學）

　　再辛苦一點，就是參加轉學考試。若你讀的大學沒有符合你興趣和能力的學系，這時只能考慮轉學。

　　與準備轉系相同的是，要開始多蒐集資訊、詢問轉學成功的人，認真準備書面資料及相關考試（面試外，有時還需筆試）。

　　更大膽的做法是出國留學，整個跳出舒適圈，體驗國外不同的學制與學習態度，還能擁有跨文化、國際化的文憑與不同經驗，也是一項值得的自我投資。

3. 就業、創業

　　曾有一位部長級的名人認為大學生打工賺錢，是把黃金時間當成石頭賣掉，他說，「真的笨死了」。覺得打工一天賺七、八百元，請女朋友吃個牛排就沒了。大學四年是最後的念書時間，要好好珍惜。至於希望得到工作經驗，可以透過產業合作或企業實習。

　　大學四年是一生當中「屬於自己」的時間最多、「可塑性」也最大的時候。經過課程、老師、社團、朋友、打工、實習等經驗，以及多和傑出人物接觸，即可提高自己處理人際關係和團隊合作的能力，對於日後就業或創業非常有用。所以，不要急於脫離學校——休學或輟學，或因為打工時數過多，而耽誤本分——課業。

　　但有些大學生覺得「老師沒有給我什麼，只是一份教材或書本，

自學反而比較快」，所以決定放棄大學文憑。加上自己喜歡的職業很大部分需要實作、實習，覺得理論沒有很大幫助。因此提早到業界跟擁有這項專業的人學習，相信這樣更利於就業或創業。

但，休學或放棄大學文憑不等於不學習，而是找到自學的方法，例如使用數位工具、在網路書店購書、組成讀書會等。要給自己排課表，訂定學習目標與進度，更要「自律」，以免「不進則退」。

🎓 生涯楷模

報載（袁世珮，2019），Leo 王（本名王之佑，1993 年生）在 2019 年、二十六歲時，獲得第三十屆金曲獎最佳國語男歌手獎。

他自幼功課就十分優異，一路從高師大附中唸到臺大社會系。然而在大二那年他休學了，跳脫學歷的傳統框架，開始追尋他的音樂夢。

得獎時，Leo 王上臺時說：「我本來是念臺大社會系，後來輟學想說提早專心弄音樂。本人媽媽對此非常失望，好像我大學沒有畢業就非常不孝一樣！我媽在哪裡？媽，不要再這樣情緒勒索了，我也愛你～但是我不一定聽你的話，不好意思，不要混為一談（笑）。」

從臺大社會系輟學，確實引來「可惜」的議論。但 Leo 王並不覺得可惜或犧牲。因為考上大學後，他感覺對學術沒有興趣，發現「最事半功倍、最享受的時候，好像還是在舞臺上表演。如果沒有全力、全時間做一次看看，有點可惜」。

在大二辦休學時，本想給自己一年時間試試看。後來下定

決心以音樂為職志，是受到製作人王昱辰的鼓勵。當時 Leo 王想把音樂當成職業，製作人說：「就去做啊，不用擔心、沒那麼難，我相信你做得到。」

　　Leo 王在遭遇創作的撞牆期時，決定「就撞到它破啊，你其實不知道牆有多厚，你是因為熱情才會在這邊撞。所以要看的不是這個牆多厚，而是你的頭多硬、你願意撞到什麼程度。」

　　其實，並不是讀臺大的人休學比較可惜，或某些名人如比爾‧蓋茲、賈伯斯、祖克伯(Mark Zuckerberg)等為了創業而休學就代表正確。不論我們對自己的能力有否自信，或是否已知未來要做什麼，都可能面臨是否休學的困擾與抉擇。多數人無法像 Leo 王那麼毅然決然、義無反顧，直接奔向自己的理想。但仍要相信我們有許多「可能」，還有更多道路可走。不只是遵循父母師長安排的道路，或一定要追尋成功者的足跡。

第 8 章

離職的分析與抉擇
　　——柳暗花明又一村

不要太責怪自己，你是有實力的，已經很努力了！

如果是業務上問題，我隨時可以幫你。如果是跟主管合不來，先努力看看再說！不一定要被綁在這個公司！

　　世上沒有人能對工作完全滿意，有人硬撐一段時間，仍選擇辭職、換工作。但離職也沒有想像中那麼容易，常會面臨「走或不走」的掙扎。於是有人採取疏離政策，把工作當成「不得不做」的苦差事，至少能提供生活開銷。但這種想法並不會減輕壓力，總有超過容忍限度的一天。有人則反過來自我催眠——「工作很有趣」，但最終還是說服不了自己，內心更加矛盾，也更容易崩潰。

到底該怎麼做，才能清楚自己想離職的真正心意？如何衡量離職的利弊得失？「離職」是職場生涯不可避免之「正常」抑或「創傷」？

第一節　是不是該離職了？

近年來，企業晉用社會新鮮人，對於「不夠穩定，流動度比以前高」（年資很少超過兩年）這部分倍感困擾。他們覺得年輕人對工作的長期承諾不足，沒有很大野心，工作壓力超過預期或承受的範圍時就逃離，不願意自我改變或接受挑戰。對此評論，職場新生代的感受又如何？

如果達不到主管或顧客要求，甚至被嚴厲責罵時，你還能保持冷靜、找回內心的平靜與熱忱嗎？雖然知道不該逃避，應正面、積極爭取主管與客戶的了解，把責罵當作學習與成長的機會，不要急著辭職、放棄，職場需要「學習意願與可塑性」、「穩定性」等特質。但，知道這麼多道理，不等於都做得到。人的身體不是鐵打的，人心是脆弱的……。

工作上難以承受之重

離職畢竟不是小事，若要走，就一定是「迎向陽光」，而非「暗夜飲泣」。首先，仔細分析你不滿或難以忍受的地方到底是什麼？是工作內容、工作分量抑或職場人際關係？先確認問題來自內在或外在，比例各約多少？若是職場人際關係，則狀況較為複雜；因為我們不可能「全面了解」主管或同事，更不容易改變他們。

該不該換工作？重點應放在積極面——你想從工作中獲得什麼？若消極的一直想著自己不喜歡的地方，因為無法改變，只會更加鬱悶。

如果轉到正面——具體想像理想的工作是什麼面貌，較能找到改善問題的方法。

而且，公司需要的不是拖延交辦工作的員工，而是隨時思考如何改善工作的積極人才。因此你必須想清楚自己真正想從事的工作是什麼，如果目前的職場無法實現你的願望，換工作才是優先選項。

什麼時候離職？主管會怎麼想？找到下一份工作前的生活支出該怎麼辦？如果你在充滿不安的狀態下離職，幾乎不會成功，只會加深痛苦，應徵下一份工作時更沒有自信。如果你的經濟壓力很大，恐怕先想好轉職期間如何度日較為務實；例如有積蓄或其他兼職工作，或找好下一份工作再提出離職。只要合法提出離職、沒有怠工，主管怎麼想並不重要。除非你與主管嘔氣，想向他報復。較糟的狀況是，主管認為你不適任，甚至對你口出惡言。但既然要離職了，就不要「接受」這份不厚道的禮物，因為他也不是全面地了解你。

當你在工作上受挫，父母因為心疼你，通常會全面支持，難以提出理性建議。看到你加班過多，父母就推論是主管嚴苛；看到你沮喪無助，父母就責怪職場環境欠佳或主管無情。若父母要你立刻辭職、不必受氣，這樣的保護會否使你更容易放棄努力？其實這只是父母愛與包容的方式，他們也不想「愛之適以害之」。你自己知道，可能是工作技巧不足或不敢求助，才導致加班、沮喪。也可能是對職場的不適應，也就是職場壓力太大。其中的痛苦，若你不忍加諸於父母、家人或好友身上，就當成是自己「浴火重生」的功課吧！

當初求職及面試時，你可能沒把下列問題想清楚。到了離職，就要好好釐清。

1. 如何知道這個職位適不適合我？

2. 目前的職場環境適合我嗎？不滿意就代表不適合嗎？

3. 與期望相差太遠，該繼續堅持還是及早離開？

4. 為什麼離職？是因為得不到升遷或和老闆個性、理念不合嗎？

5. 離職的理由合理嗎？是主動還是被迫？

　　如果因為與主管「個性、理念不合」，日後謀職的面試上，並不需要特別提出。因為有些企業會擔心戲碼重演，不想誤用到「異議分子」。和主管、老闆無法共事愉快，可能是彼此的溝通及工作模式差異太大，雙方都無法適應對方。

　　如果是談戀愛或家人之間，問題較為單純；戀愛是兩情相悅、你情我願，勉強不了可以分手。家人之間的包容度更大，較容易理解及原諒對方。但即使親子之間猶有嚴重的相處問題，甚至達到需要接受心理治療的地步，何況是職場人際關係？

　　職場上遭到主管或客戶責罵、負評時，無需一味自責或反擊，這只會讓自己更不快樂。除了加強自己的抗壓性，也要自我勉勵，等自己將來當主管時，不要犯同樣的錯誤，不要一味責怪而能多多激勵下屬。

　　離職若是因工作乏味、沒有挑戰性，那麼先設法讓沒價值的工作變得有價值，再考慮是否離職。訂一些具體目標，例如「一個小時內處理三十份資料」，或任何想達成的目標都可以，小事情也無所謂。將單調的工作變成類似運動競賽，多練習就能產生「我可以更好」、「我想做得更好」的感受，體會到滿足感。設定的目標再加上「想幫助身邊的人」，會使你更相信這份工作很重要。

　　離職原因若是「不適應」，則多半是組織文化的問題。你可能看不慣很多事情，於是一點小事就強化你離職的念頭，然後惡性循環。

有些人會設法說服自己順應環境，希望時間久了可以「弄假成真」。因為我們不能要求別人都繞著自己轉。不顧慮團隊感受的人終將被人討厭。若你真的因不喜歡組織文化而不快樂，有時你的離職，反而使主管及同事都鬆一口氣。

所以，離職的前一步是先想想怎麼做還有機會改變。很多人把「改變」寄託在「時間」，覺得時間久了就會好轉。但以用拖延戰術來說服自己，情況通常只會惡化。如果你逆向思考，先試著「深耕」──對公司及負責的業務更多了解與投入，就會有更多「寬容」。等你真正成長或成功了，就不會輕易離職或可以安心離職。這樣做較為圓滿，離職時主管也會一再慰留你，雙方都沒有遺憾，日後還有合作的機會。

如果你被資遣或非自願離職

主管與下屬之間，因為職位、職責、職權等差異，基本上不平等。下屬通常只能服從，不能拒絕主管交辦的任務。所以不必「多疑」主管針對你或對你有偏見，**主要還是看你的工作態度及能力是否能跟上主管的腳步。達到主管的標準，才不會失去主管對你的信任。**

企業都希望員工擁有「問題解決能力」，因為職場變化大，許多狀況都是第一次出現，主管自己也不知道答案。此時你可多請教有經驗的同事或詢問熟悉的客戶，先擬出若干問題解決方案，再請示主管，或與工作團隊一起討論。要學習自我激勵、正向思考、積極面對挑戰，把困難當成希望來臨前的曙光。

如果被資遣，要檢討是否跟你的表現或操守有關？如果是工作的風險因素（公司縮編、裁員或合併、停工，或如 2020 年的新冠肺炎的疫情因素），則要及早因應，無需沉溺其中。如果與你的表現或操守有關，是否能自我反省就非常重要。**雖然要面對自己的缺點很困難且**

痛苦，但：「人誰無過，過而能改，善莫大焉。」（《左傳·宣公二年》）孔子傑出的弟子顏回能「不貳過」（《論語·雍也》）、子路「人告知有過則喜」（《孟子·公孫丑》）。所以，不在於不犯錯或不能犯錯，有過不改才是最嚴重的問題（「過而不改，是謂過矣。」——《論語·衛靈公》）。

在《論語·子張》的一段話更是經典。子貢說：「君子的過錯，好比日蝕月蝕一樣，人們都看得見；但改正過錯後，人們也會更加敬仰。」（子貢曰：「君子之過也，如日月之食焉。過也，人皆見之；更也，人皆仰之。」）所以，我們要自問：犯了錯而不願意認錯，到底為了什麼？

《勞動基準法》第 11 條，遇到下列情事，雇主得預告勞工終止勞動契約：

一、歇業或轉讓時。

二、虧損或業務緊縮時。

三、不可抗力暫停工作在一個月以上時。

四、業務性質變更，有減少勞工之必要，又無適當工作可供安置時。

五、勞工對於所擔任之工作確不能勝任時。

以「勞工對於所擔任之工作確不能勝任」這個原因，第 12 條另列出勞工有下列情形時，雇主得不經預告終止契約：

一、於訂立勞動契約時為虛偽意思表示，使雇主誤信而有受損害之虞者。

二、對於雇主、雇主家屬、雇主代理人或其他共同工作之勞工，
　　實施暴行或有重大侮辱之行為者。

三、受有期徒刑以上刑之宣告確定，而未諭知緩刑或未准易科罰
　　金者。

四、違反勞動契約或工作規則，情節重大者。

五、故意損耗機器、工具、原料、產品，或其他雇主所有物品，
　　或故意洩漏雇主技術上、營業上之秘密，致雇主受有損害者。

六、無正當理由繼續曠工三日，或一個月內曠工達六日者。

其他與資遣有關的條文尚有第 13 條及第 50 條，如下：

勞工在第五十條規定之停止工作期間或第五十九條規定之醫
療期間，雇主不得終止契約。但雇主因天災、事變或其他不可抗
力致事業不能繼續，經報主管機關核定者，不在此限。（第 13 條）

女工分娩前後，應停止工作，給予產假八星期；妊娠三個月
以上流產者，應停止工作，給予產假四星期。

前項女工受僱工作在六個月以上者，停止工作期間工資照給；
未滿六個月者減半發給。（第 50 條）

雇主資遣員工，皆需符合《勞動基準法》之規定。如果你被不合
法資遣，可直接向當地方政府勞工行政主管機關「勞工局（處）」
申訴，亦可依《勞資爭議處理法》規定申請「調解」或「仲裁」，也
可向「勞動部」提出申訴或檢舉。勞資間之紛爭屬民事之範疇，勞工
如有需要，可循司法途逕，向具管轄權之「民事法院」提起訴訟或進

行調解。為便利地方居民解決民事紛爭，「鄉鎮市公所」設有調解委員會，勞工亦可向其提出調解之申請。勞動部為維護勞工權益，有提供訴訟及必要生活費用之扶助，以期勞資間之紛爭，能透過多元救濟管道獲得解決。

　　不管你是否提出申訴，離職後都要將重點放在這件事對你的正面影響，學到的寶貴教訓或因而有哪些改變。每件事都是一體兩面，多用正面角度去陳述。最後，別忘了依法可領取的資遣費，如《勞動基準法》第 17 條規定：

一、在同一雇主之事業單位繼續工作，每滿一年發給相當於一個月平均工資之資遣費。

二、依前款計算之剩餘月數，或工作未滿一年者，以比例計給之。未滿一個月者以一個月計。

　　反之，勞工也可以「不經預告」終止契約，如第 14 條規定：

一、雇主於訂立勞動契約時為虛偽之意思表示，使勞工誤信而有受損害之虞者。

二、雇主、雇主家屬、雇主代理人對於勞工，實施暴行或有重大侮辱之行為者。

三、契約所訂之工作，對於勞工健康有危害之虞，經通知雇主改善而無效果者。

四、雇主、雇主代理人或其他勞工患有法定傳染病，對共同工作之勞工有傳染之虞，且重大危害其健康者。

五、雇主不依勞動契約給付工作報酬，或對於按件計酬之勞工不

供給充分之工作者。

六、雇主違反勞動契約或勞工法令，致有損害勞工權益之虞者。

上述情形，勞工自知悉之日起三十日內（第 6 款亦得自結果發生時三十日內），終止勞動契約，並可請求資遣費。如果是前述第 2 或第 4 款之情形，**雇主已將實施暴行或重大侮辱之雇主代理人解僱，或已將患有惡性傳染病者送醫或解僱，勞工不得終止契約**。未於法定期間內終止契約造成的後果，即使依《勞動基準法》第 14 條不經預告終止契約，也變成自請離職，喪失請求雇主給付資遣費之權利。

寫存證信函外，如以寫辭職書、辭呈的方式，法律上效力相同。但勞工辭職理由要寫下據以終止的具體事由（如雇主違法亂紀事由內容）。如果寫因為雇主有《勞動基準法》第 14 條第 1 項各款之情形更好，千萬不能寫另謀高就、個人因素。以存證信函以外的方式終止契約，缺點在於自己手上沒有正本，即使勞工留存正本，也無法證明雇主收到。訴訟中雇主否認收到或對內容有爭議，舉證上常有麻煩，還是以存證信函終止契約的方式較好。

第二節　圓滿的離職

離職有沒有 SOP？若想離職卻礙於人情壓力，該怎麼辦？

一旦下定決心要離職了，就讓這件事情好好結束，包括你該感謝與原諒的人。該感謝的人一定要當面致謝，他們的溫暖與協助，讓你不致失去自信。該化解的怨恨甚至對立關係，也要「公平」對待；不僅「君子絕交不出惡言」，**更要讓這些不愉快隨著離職一起結束**。

離職固然是個人自由，但不要因為自己任性而造成他人不愉快，

也不必有任何虧欠的心情。離職應該優雅、從容不迫，做個讓人懷念的同事。有時離職也類似分手或離婚，還是可以和前男（女）友、前夫（妻）維持良好的關係，之後還有機會互相幫忙與合作。若離職前不太愉快，建議你設法「和好」（形式上或單方面的都好），不要在心裡留下疙瘩。「人情留一線，日後好相見」，就像獲得許多金鐘獎的好劇《我們與惡的距離》，其中的插曲《路過人間》的歌詞：

曾經辜負哪位，這才被虧欠，路過人間，一直這輪迴。
幸運一點，也許最後和誰都不相欠。

如果經濟條件允許，可以先離職再找工作；因為不僅是要找到下一份工作，也希望能找到理想的工作。或者可以暫時脫離職場，靜下心來檢視自己在這一份工作上的收穫與心得。至少要知道自己不想要什麼，才能規劃後續的職涯方向。離職也能讓你再次認識自己，並好好思考自己想要的人生，這些會大大影響你對下一份工作的選擇。離職像是自我修正的過程，離職能因此更認識自己，距離理想的自己更近。

離職之前，可先「低調」開始進行求職。履歷表部分，最好養成定期更新的好習慣。很多公司的面試流程拖很長，投完履歷後別把精力花在等待，做一些讓自己更快銜接「待業」狀態的事情。不要被不知所措的焦慮所逼，倉促接下一個自己不太滿意的工作，不久又有離職的念頭。

沒有所謂最好的離職時機，許多社會新鮮人想待滿一年甚至更久，其實時間的長短對下一份工作的幫助不大。但不管如何，都要在自己預計的期限內，妥善為離職做好準備。

如果真的撐不下去

不少人硬撐著身體與精神去上班，覺得自己可以挺得過去，直到下班才鬆口氣，然後打電話給朋友訴苦，像溺水的人抓住救生圈一樣。最後朋友只好建議你快快離職，因為他們已經受夠你無限迴圈的負面語言了。被打擾過的朋友都覺得，這個工作對你壓力過大、不適合你；但你自己卻捨不得，內心還有小小的希望，覺得明天會更好。

有沒有似曾相識的感覺，就像你付出過的愛情，嘴巴上一直抱怨，內心卻還留戀著對方。你的朋友清楚看到你的問題，尤其是你的優柔寡斷與無能為力。所以你找「很多」朋友訴苦，甚至要他們告訴你該怎麼抉擇，絕對是錯誤的做法。到頭來他們只會覺得你很幼稚，職場歷練不足。

若因為工作焦慮而無法入眠，起床就害怕上班，那種感覺令你擔心，該怎麼辦？如果你怕別人的眼光、不敢讓人知道自己的工作出了問題、怕失業或不想重新找工作。硬撐的結果將摧毀你的身心狀態，最糟的是「過勞死」甚至有「自殺」的念頭。所以，請記住下列自救原則：

1. 不要長期加班

不要跟別人比自己是否夠努力，不要為了符合主管的標準而拼命工作，每個人能承受的程度不同。當你感覺沮喪時，不要責備自己「軟弱」，不要硬撐。萬一身體出了毛病，公司不一定會幫你承擔。

「過勞」會因加班而惡性循環，若加班了還達不到主管的要求或消除不了業績壓力時，可能因此罹患憂鬱症、焦慮症。最糟的是，主管還以為你「裝病」。惡性循環之下，突然有了「想死」的念頭（因為這樣就可以不用上班了）。但，讓工作造成自己身心俱疲、毀掉人

生，值得嗎？

2. 不要害怕到身心科就診

當你有失眠、食慾不振、不想工作、無法感受生活樂趣，甚至萌生死亡念頭時，就該立刻去看醫生。根據美國精神醫學會發行《精神疾病診斷手冊第五版》(DSM-V)，憂鬱症有下列九種判斷標準。第一或第二必須至少 1 項，加上其餘共 5 項以上，且持續時間超過二週，即為重度憂鬱症。

1. 情緒低落，長時間處於低落的情緒，無法快樂起來。
2. 對事物失去興趣跟喜好，提不起興趣去做自己喜歡的事情。
3. 體重下降或上升。
4. 嗜睡或失眠：出現精神性的睡眠障礙。
5. 動作、思考變得遲緩。
6. 容易疲倦或失去活力。
7. 無價值感或有強烈罪惡感。
8. 注意力不集中或猶豫不決。
9. 經常出現負面想法，甚至想要輕生。

短暫的心情不適或低落，可以找朋友或師長聊聊。適當的人際交流可抒發壓力、減輕心理負擔。也可透過熱愛的事物，如運動、聽音樂等放鬆自己。但若身心不適已超過能控制的範圍，心情持續低落導致工作表現大受影響，甚至出現自殺的傾向或念頭時，就該立刻就醫。

憂鬱症治療的最終目標，是改善大腦調節情緒的能力。基本的治療方法是藥物，增加神經傳導物質的濃度。50% ～ 75% 憂鬱症患者對抗鬱劑有好的反應，服藥三至四週即有明顯成效，但需持續服用三至

六個月。

「心理治療」通常和藥物並用（醫院或身心科診所常附設自費之「心理諮商」，或找單獨開藥之「心理諮商所」），如改善患者的認知行為、提高人際互動的信任感、增強忍受情緒變化的能力等。若沒有力氣出門領藥，可讓藥師幫你把藥帶到家。可尋求協助的電話如臺北市撥打 1999 市民專線轉 2521、張老師專線（直撥 1980）、生命線（直撥 1995）、衛生署安心專線 (0800-788-995)、全國照顧者免付費關懷專線 (0800-507272)。

員工心理健康的企業責任

員工身心狀況不佳時，離職並不是最好的選項，這也是企業應該特別關心與協助員工的地方，正確方式如下：

1. 主管的認知和態度最為關鍵

若下屬有憂鬱傾向，主管的認知和態度往往扮演關鍵的角色。如果主管了解下屬可能是生病了，以同理及支持態度鼓勵他就醫治療。員工比較容易走出憂鬱陰霾，恢復正常的工作狀態。

但有時精神科醫師也會要你斟酌，是否要讓主管知道你正在接受治療，你正為改善疾病狀況而努力。因為，**並不是每位主管的觀念都很正確，有時說了反而會使憂鬱症被標籤化、汙名化，被認為是偷懶、脆弱的藉口**。這不只會使員工壓力更大、病情加重，甚至造成部門內其他同事的困擾，不知該不該幫這位同事分攤工作，影響到整個部門的工作效率及士氣。

某些主管因溝通方式不當，使得憂鬱的下屬不得不黯然離開職場。所以主管溝通時要特別小心，因為你面對的是一個壓力滿載、瀕臨崩潰的人，無心的一句話也可能成為壓垮駱駝的最後一根稻草。

2. 定期安排心理健康講座與諮詢

公司應該定期安排諮商心理師或心理專業人士為員工，上課或提供諮商，讓他們對壓力、憂鬱症或其他精神疾病有正確的認識。不但有助員工及早覺察與正確處理自己的心理問題，也能學習幫助同事治癒心理疾病。一知半解的知識，對罹病的同事幫助有限。如果整個部門齊力支持，不僅能幫助同事復原，也使整個部門更有向心力。

如果你和生病的同事關係不錯，可以陪他一起去看醫生。憂鬱症讓人變得比較消沉，最好有人主動關心，並督促他定期回診及服藥，可以讓病人比較安心。若你或親友曾受憂鬱症所苦，更懂得如何幫助同事察覺情緒問題，及早預防及治療憂鬱症。

不要錯認同事是「裝病」或「無病呻吟」，不要一直叫他「想開一點」、「堅強一點」。假如你不知道該說什麼，最好當個「聆聽者」，聽他訴說想法、感覺。不要指責或說教，如「停止這樣想」或「不要讓自己再陷下去了」，這些話對他不僅沒有幫助，還會使他更沮喪。

3. 當員工罹患心理疾病時

仍有罹患憂鬱症的員工隱瞞不說，因為擔心公司知道後飯碗不保。但哪天身心狀況負荷不了出了大問題時，往往為時已晚。應該如何跟主管說，才能保障自己的工作權益，又不為工作帶來太大的衝擊呢？在和主管或公司談你的心理疾病之前，你必須先評估自己目前的情況，能不能承擔現在的工作？能負荷到什麼程度？再去跟主管討論要不要調整職務。

如果真的無法勝任目前的工作，試著請求轉調職務，從壓力較大的業務部門轉調其他部門；或自動降調職位，不擔任主管職，承接較少的工作量或責任等；或和公司討論是否減少工作時數，從一週工作五天減至一週三天。

　　企業對於員工壓力過大、焦慮、憂鬱等傾向，要採取各種預防措拖，以免員工陷入藍色風暴。主管可以行動示範自己如何利用精神科與心理諮商管道，來釐清困惑、減輕壓力。知道員工罹患心理疾病時，表達公司會盡力協助員工解決工作及生活難題的決心。一定要幫助員工的原因，不僅是憂鬱症會造成個人的收入損失，也會加重企業及整個社會的經濟負擔。

⊛ 生涯情境模擬

正視憂鬱症所造成的社會經濟負擔

張家銘（林口長庚醫院精神科，臺灣憂鬱症防治協會喜博樂小組）

　　聯合國世界衛生組織 (WHO) 說，在 2020 年全世界有三大疾病需要重視，包括：心血管疾病、憂鬱症與愛滋病。憂鬱症會造成嚴重的社會經濟負擔，在所有疾病中排名第二，僅次於心血管疾病。憂鬱症也是所有造成失能疾病的第一名。曾有學者估算，憂鬱症在臺灣所造成的社會經濟損失一年已經超過 350 億元臺幣。由幾個指標，可以了解憂鬱症所造成的社會經濟負擔，已經到了不得不重視的程度。

第一、憂鬱症的盛行率

　　以臺灣而言，衛生署國民健康局以臺灣人憂鬱症量表做兩萬多人社區人口的調查，可發現十五歲以上民眾 8.9% 有中度以上憂鬱，5.2% 有重度憂鬱，估計憂鬱人口逾百萬，但是實際接受治療的比例仍顯不足。

第二、憂鬱症與自殺

　　憂鬱症患者有 15% 會死於自殺，自殺死亡者生前達憂鬱症診斷者高達 87%。自殺在臺灣已是十大死因第九位，並且自殺率逐年上升。自殺是十五至二十四歲青年的第二大死因，二十五至四十四歲壯年的第三大死因，四十五至六十四歲中年的第七大死因。

第三、憂鬱症對職場的影響

　　憂鬱症會造成患者提不起勁、容易疲累，於是生產力下降，也容易請假。世界衛生組織研究發現，憂鬱症患者在上個月失能的天數平均為八天，顯著較沒有憂鬱者失能平均兩天為嚴重。

第四、憂鬱症與身心疾病的共病

　　憂鬱症很可能會合併各種身體疾病。許多慢性疾病或嚴重身體疾病都可能合併有憂鬱症，像是糖尿病、高血壓、洗腎患者，甚至癌症合併憂鬱症的比例都達三分之一至四分之一。憂鬱症也容易合併其他的精神疾病，超過 50% 的憂鬱症合併至少一種焦慮症。一旦合併憂鬱症會加重了原有疾病的治療。

第五、憂鬱症的醫療使用

　　目前對於憂鬱症有很好的治療，但是許多患者並未得到好的醫療處理。首先可能超過一半的憂鬱症患者不會尋求醫療，許多患者會合理化自己的症狀，或不願與醫師討論自己的憂鬱。其次是尋求醫療的患者，有許多的憂鬱症不會被辨識。

離開心更寬

當你很痛苦而想辭掉工作，但家人不諒解，該怎麼辦？你必須知道，沒有人可以完全了解別人，你只要做決定後告知父母或其他家人就可以。就算之後沒有工作或找不到工作，這些都不比維護身心健康來得重要。請在身心崩潰之前換掉工作吧！離職真的是很常見的事。我們要維持「開放式僱傭關係」，不必完全「獻身」於某份工作。要為自己而活，不要等到寫「遺願清單」，才去做自己想做的事。

離職後也不一定要立刻銜接下一份工作，可選擇再進修，如「回流教育」(recurrent education) 或讀研究所。回流教育（黃富順，2000c）係指個人在人生大部分的時間裡，教育、工作、休閒三者輪替的發生；或學習活動在一生中因環境的改變而間斷的發生。教育不可能一次完成，在從事一段工作後應重新接受教育，形成教育－工作－休閒的循環模式，以代替傳統的直線式生活型態。

為鼓勵民眾在職進修、強化回流教育，2016 年教育部以「開放式大學」的理念，讓未取得學士學位者就讀大學推廣部，以累計制在十年內修完所需學分，即可取得學位。想取得第二個學士學位者，只要修滿 48 個專業學分，就可取得「學士後多元專長學士學位」。成功大學就開放校友回母校研修輔系，為競爭力加值。

企業應安排工作一段年限後，空出較長時間讓員工到大學或企業的訓練研習中心參與「回流教育」。對於個人成長、更新以及組織提升、轉型，都有很大的幫助。

生涯規劃資源

自殺的迷思——似是而非的觀念　　　　　臺北市自殺防治中心

迷思 1：通常會談論自殺的人不會去做？如我去死算了、我真希望我死了、我想從樓上跳下去。

事實是：認真談到自殺的人，真的會去做。老是說到自殺、對未來沒有希望，都是需要嚴肅對待的預兆，60% 自殺的人都曾口頭表示想死，這也許是一個絕望中呼救的吶喊。

迷思 2：面對可能自殺的人，最好不要和他討論自殺的問題？你可能會灌輸這個想法在她或他心中。

事實是：談論自殺並不會灌輸，反而有助於釐清他們自殺的想法。

迷思 3：自殺傾向是遺傳所造成？

事實是：自殺並無先天或遺傳的特質，家族中有多人自殺，可能與其他如社會學習因素有關，表示此家族中的人，學習到此種解決問題的模式。

迷思 4：想自殺的人，都有精神方面的問題？

事實是：想自殺的人，只是壓力超過身心所能負荷的程度，不必然是精神疾病。

迷思 5：自殺與氣候有關？

事實是：自殺明顯與天氣無關，此迷思是「合理化」我們所無法操控之事，企圖找到人為以外的因素，使我們得以接受自殺，因為這一切都是天意。

迷思 6：自殺普遍發生在低社會經濟地位團體？

事實是：自殺並無一定的範疇，設定哪一類的人會自殺，是一種他們很不幸或愛莫能助的防衛思想。

迷思 7：大部分自殺的發生，先前沒有徵兆？

事實是：有 80% 自殺的人，會留下明顯的警訊。一些線索是明顯的，一些是難以捉摸的。去學習及認識這些警訊及如何應對，是很重要的。

迷思 8：自殺的人都是真的想死的？

事實是：大部分自殺的人，並沒有很堅持想死（非死不可）。他們是透過自殺的方式，來逃避痛苦、表示抗議，或傳達求助的訊息。

迷思 9：人一旦有自殺的行為，就會一直自殺下去？

事實是：想自殺的人，經常只是在某一段時間內想死。如果可以在危機產生的同時，得到適度的支持或扭轉，他們未必一定會一直想死。

迷思 10：自殺者很少尋求醫療協助？

事實是：超過半數的自殺者，曾在自殺前六個月就尋求協助，但醫生很難從病人身上得到完整的資訊。誤以為自殺者不願就醫，反而會耽誤救助時機。

迷思 11：一旦自殺危機消除後，就不會再有自殺危機？

事實是：當一個人的情緒或行為稍有起色時，可能意味著已經度過自殺的猶豫期，已經結束自殺的焦慮，其實下一個決

定就是去自殺。

迷思 12：有藥癮或酒癮的人，因為情緒有宣洩的管道，自殺的可能性較低？

事實是：這是調適不良的徵兆，反映出受挫的感覺，當酗酒、吸毒或其他行為無法平息內在傷害時，自殺會緊接著而來。

迷思 13：只有心理衛生專業人員可以預防自殺？

事實是：所有具愛心介入預防工作者，都可以預防自殺，包括家長、學生、老師、學校護士、學校職員、鄰里長等，皆可成為自殺防治的工作者。

迷思 14：提出自殺防治，就表示我們出問題了？

事實是：若無預防措施，才會真的出問題。教育訓練工作不僅可以預防，還可以打破錯誤的迷思。

迷思 15：發生自殺或公開自殺事件，就會被貼上標籤？

事實是：遮掩事實將使問題不明，或是不負責任的表現。公開與坦承，才能面對問題的所在，為自殺防治建立有效的處理模式。

第 **9** 章 轉職與創新工作型態
——與工作的變化共舞

　　離職、轉職與創新工作型態,這三者的關係密切。當你清楚知道自己期望的工作型態時,轉職等於「創新」工作型態,離職則是「轉換」工作型態。所以關鍵在於,要確知自己想要的工作型態,別人就無法動搖你的選擇。切記,「這是你的選擇,忠於自己的選擇,別人無法改變你的選擇。」

第一節　生涯／職涯發展的短、中、長程規劃

　　現在的職涯發展已不容易僅一份工作，且做到退休，因為公司不一定能保障你的未來。遇到不可抗力的因素如疫情、天災、經濟不景氣等，即使公司之前的財務健全或有相關法規保障你的工作，你仍然可能失業。如《性別工作平等法》第 17 條，受僱者於育嬰留職停薪期滿，遇到下列情形之一即無法復職（依法定標準發給資遣費或退休金）：

一、歇業、虧損或業務緊縮者。

二、雇主依法變更組織、解散或轉讓者。

三、不可抗力暫停工作在一個月以上者。

四、業務性質變更，有減少受僱者之必要，又無適當工作可供
　　安置者。

以變為常、臨機應變

　　轉職是一件正常甚至必須預先準備的事，完整的做法是先有生涯／職涯發展計畫，再加上危機處理的「備案」。「備案」就像辦活動遇到壞天氣或其他意外的應變之道，如換場地、改變舉辦形式、延期甚至取消。

　　例如 2020 年初因新冠肺炎造成的重大疫情，致使「七月的東京奧運要不要辦理」成為難題，但不論如何都必須要有備案。原本日本官方表示要如期辦理，但二月底國際奧委會某位重要委員提醒，如果疫情無法控制，不考慮備案不行，把比賽分在幾個國家舉行，也是可行的方法（如加拿大、英國）。

　　日本官方回應，原定三月的聖火傳遞按原計畫進行（後來傳遞到其他國家時，仍因疫情影響而停止。）但以日本職棒為首的各式活動，不是停辦就是延期（包括男籃、女籃和桌球）。日本規模第二大的職業運動足球 J 聯盟，甚至是橄欖球等奧運比賽項目，紛紛受到影響。日本媒體的街頭民調結果顯示，大多數日本人都希望奧運延期舉行。所以，最終的決定是東京奧運延期一年。但明年 7 月能否如期舉行？主辦方可能仍要繼續有「備案」。

　　職場的變化亦然，如果不能接受「預料得到」或「意料之外」的各種內外在變化，內在如個人身心狀況、家庭照顧、婚姻與情感等，外在如政治、經濟情勢的改變、天然災害、疫情，以及公司內部改革、更換主管、職務輪調等。就會耗費太多心力在抗拒、逃避或哀傷、沮喪當中，甚至被擊倒，使情況「雪上加霜」。

多算多勝，少算少勝

　　以「作戰」這種生死存亡的大事來說，《孫子兵法》說：「戰爭未發生前，先在宗廟裡計算（戰略會議），比較敵我雙方的優劣；如我方所占的優勢多，取勝的機會便大；若我方所占的優勢少，得勝的機會便少。要有精詳的計畫才可能打勝仗，計畫不夠精詳就不能打勝仗，何況沒有計畫？」（「未戰而廟算不勝者，得算少也。多算勝，少算不勝，而況無算乎！」──始計）

　　可惜有些人在人生戰場上常準備和計畫不足，甚至於不做計畫，其結果可想而知。

⚙ 生涯情境模擬

　　《孫子兵法‧始計》「多算勝，少算不勝」的「算」，是指「比較敵我雙方的優劣」。包括下列五方面：

1. 道：人民和政府之間具有共同的信念，才能同心協力、同生共死。

2. 天：各種天象及氣候變化，以及時間的限制與機動。

3. 地：道途的遠近、地形的險易、地勢的廣狹，以及是否易於逃生。

4. 將：帶兵打戰的將軍具備的才智、威信、仁愛、英勇及嚴肅等素養。

5. 法：軍隊的編制紀律賞罰、軍需補給等。

　　（原文：「道者，令民于上同意者也，可與之死，可與之生，民不詭也。天者，陰陽、寒暑、時制也。地者，高下、遠近、險易、廣狹、死生也。將者，智、信、仁、勇、嚴也。法者，曲制、官道、主用也。」）

　　能正確了解雙方的優劣，便能打勝仗；不能正確了解，便不能打勝仗。所以《孫子兵法‧謀攻》說：「對自己和敵方的優缺點，都有透澈的了解，才能長勝不敗。只了解自己而不了解敵方，便有一半機會失敗。假如敵我雙方都不了解，便會每戰必輸。」（「知彼知己，百戰不殆；不知彼而知己，一勝一負；不知彼，不知己，每戰必殆。」）

　　應用在職場上，就要同時分析自己及職場的優劣。「知己」是指了解自己的性向、興趣、人格特質、學經歷、專業能力與

表現，「知彼」是指了解外在職場環境的狀況，包含大環境的政治、經濟、社會變遷及產業趨勢，小環境的組織文化、目標、產品及主管領導風格等。

　　為什麼要有生涯／職涯的發展計畫？進步的企業一定有短、中、長程發展目標，個人也一樣。如今職場已不會為你安排前途，不論你現在幾歲，都應該及早列出自己的短、中、長程目標。短程目標是指一年之內具體想要完成什麼？中程目標為三至五年內需要增進的知能有哪些？長程目標則為十年後的夢想將如何達成？

　　任何年齡都有「忙、盲、茫」的時候，學生時期有：如何選填志願？要不要轉系？如何修雙學位、輔系、學程？畢業後要不要讀研究所？社會人士一樣有「人生目標」的困惑：不知道自己到底要追求什麼、適合什麼工作？家庭與事業如何平衡？

　　如果不「訂定目標」及缺乏「達成目標」的成就感，就會逐漸喪失自信與自我效能，覺得生活空虛、沒有希望。但還是有人抗拒生涯／職涯規劃，不論現況多糟也不肯修改。另一種人則是沒有目標而亂兜圈子，一直犯錯卻不知如何是好。

　　生涯／職涯規劃的短程、中程、長程目標，就像是「衛星導航」，沒有目標就沒有未來。

將短、中、長程目標「具體化」

　　生涯／職涯目標的規劃，建議從長程開始，再回推中程與短程。長程目標可能較為夢幻、理想遠大，需要視野、遠見或強迫自己去想像，勇敢地勾勒「美夢」。先從「大處著眼」，才知道眼前的日子該

怎麼「小處著手」。

以大學生來說，若沒有長程及中程目標的引導，大一充滿休閒玩樂的日子，很快會過去；大二擔任社團或系學會幹部，又忙了一年。大三忙打工，大四緊張的找實習。一晃眼，不算短的大學時光即將結束，到底完成什麼目標、增進了什麼實力，自己也很茫然。畢業後不知道下一步要怎麼走，也害怕踏出下一步。

所以進入大學，就要設想十年後預定達到的長程目標，接著來規劃大學四年的中程目標，最後才是每一年分別要落實的短程目標。越認識自己的長處及短處，越能有正確的目標定位。

要將短、中、長程的目標「訴諸文字」，並拿給相關及重要人士「修正」。實踐過程中要檢驗及修正原先的想法，逐漸找到適合自己的短、中、長程目標。多看一些「趨勢」及「創新」方面的雜誌、書籍，才不致落伍或抗拒改變。

長程目標是指用較長時間才能達成的各方面理想狀態，包括：身心健康、外語學習、就業專長訓練與證照、多元專長、轉業準備、家庭生活品質、人際關係的增進、國際志工或交換學生、出國遊學或留學、企業實習等。

在大學、研究所階段或工作的近五年內，就屬中程目標。而「夢想」能否真正實現，必須依靠一年內的短程目標。任何希望出現在生活中，能讓人感到生活美好的事物，都可以是短程目標。例如早起、運動、減重、增加人脈、與家人相聚、學習才藝、增進語言能力、辦理社團活動、培養閱讀習慣、參加某項競賽、哪些學科要更進步等。短程目標要具體、數據化，可設計成「年度計畫表」（分十二個月或五十二週），或將各個目標開始及達成的時間畫成「甘特圖」。中程目標也可以比照辦理，只是將三至五年的「年度計畫表」變成一張表

格，將某些中程目標，分散在三、五年內的每個月甚至每一週。

　　追求目標的過程，一定會遇到或大或小的挫折與阻礙，或因為過於辛苦、信心不足而想放棄。這時一定要多聆聽良師益友的建議與分析，或者暫時休息一下、找個地方靜一下，並自我激勵「撐下去」、「再試一下」。

◎ 生涯情境模擬

　　筆者剛讀博士班時，因為讀書、兼職、照顧幼子、家務等諸多事情，實在忙不過來（先生是職業軍人，長駐高雄，婆婆搬來臺北幫我照顧讀幼稚園的兒子），時間不夠分配，尤其是撰寫博士論文的部分。幸好指導教授賈馥茗恩師教我擬定「中程目標計畫表」（含執行方法），及時間管理的技巧具體做法如下：

　　第一，擬定博士論文撰寫的「藍圖」或「施工圖」，也就是排出每一章、每一節預定完成的時間表（三至四年內），並隨時檢視及調整，切實掌握及追上論文的進度。

　　第二，設法使每天可用的時間多出一小時。例如原本一天安排八節課、每節課五十分鐘來寫論文，中間休息十分鐘，就改為每節課四十五分鐘、休息八分鐘，這樣一天就可多出一節課的時間。若一節課可寫二百字的論文，每週就可多寫一千字，每月增加四千字，每年多寫約五萬字。

　　其實，我原本沒有信心能在四年內完成博士論文。但「中程目標計畫表」及時間管理創造了奇蹟，最後只用三年時間即取得博士學位。這當然是馥茗恩師的「智慧」與「督導」的功

勞，但從這次成功經驗我發現，「計畫」不僅是技巧、承諾，更是一種正向思考與行動。謝謝恩師交給我「中程目標管理計畫」及「時間管理」的技巧。

第二節　不同年齡的轉職準備

目前世界各國都鼓勵中高齡（指年滿四十五歲至六十五歲之人）及高齡者（指逾六十五歲之人）就業，我國也訂定《中高齡就業法》（民國 108 年公布），其中第二章「禁止年齡歧視」，第 12 條規定不得以年齡為由，予以差別待遇。這是指雇主對求職者或受僱者不得在下列事項上，給予直接或間接的不利對待：

一、招募、甄試、進用、分發、配置、考績或陞遷等。

二、教育、訓練或其他類似活動。

三、薪資之給付或各項福利措施。

四、退休、資遣、離職及解僱。

「年齡歧視」是別人對我們的不當對待，可依法禁止。但中高齡者自己的心理障礙──擔心或懷疑年齡歧視而自我放棄，就要由自己來克服。政府為幫助中高齡者就業，除了安排職業訓練，也鼓勵「輕銀共創」──年輕人與銀髮族跨世代合作創業，如：

第 24 條：為提升中高齡者及高齡者工作技能，促進就業，應辦理

職業訓練。

第 25 條：為協助中高齡者及高齡者創業或與青年共同創業，得提供創業諮詢輔導、創業研習課程及創業貸款利息補貼等措施。

第 28 條：六十五歲以上勞工，雇主得以定期勞動契約僱用之。

報載（江睿智，2018a），德國漢諾威交通運輸公司 (ÜSTRA) 的二十八歲的電工帕魯荷，和六十一歲、已有四十五年年資的工作搭檔榭爾法根默契十足，年齡絕非合作的阻礙。他們同屬一個 7 人團隊，其中 4 位為五十五歲以下，3 位為五十五歲以上。「多世代」(multi-generation) 團隊是德國職場的日常，年輕人有創意，年長者經驗老道。藉由混齡工作，可讓長者將經驗與技術留在企業裡，成效非常好。

為留住高齡員工（江睿智，2018b），漢諾威運輸公司採行多項措施，包括彈性上下班時間、遠距在家工作、行政與駕駛工作輪調等。工時帳戶制度最受員工歡迎，勞工如果工作超過或少於約定時間，都可計入帳戶。選擇每半年或一年結清，甚至可以長期積存，在退休前抵算，得以提早退休或在退休前減少工時，改為漸進式退休等。

報載（江睿智，2018c），德國因少子化與高齡化而大缺工，所以老員工必須延退。德國工商總會倡議「經驗即未來」，鼓勵企業自發性運用中高齡人力，包括留住中高齡員工、提供友善環境。政府給中高齡職訓名額越來越多，若是教育水準高、失業時間不長，中高齡經過職訓後，再媒合就業的成功率已達 50%。

我國勞動部勞動力發展署開設各類「職業訓練課程」（各大學推廣部協助辦理），不只為了中高齡，也包括青年與中年人。著重在實務能力、證照取得、媒合就業，不少課程還有學費補助，是非常值得把握的社會資源。

如果你覺得大學階段所學非自己的興趣或不夠紮實，勞動力發展署的課程就是你的「第二次機會」（甚至是第三次機會）。如今產業變化快速、競爭激烈，轉職變得更加困難。讀大學時（包括研究所）能培養多元專長最好，否則在職期間也應有危機意識，多參與進修課程以持續增能。若到了轉職前才發現不知道自己下一步該怎麼走，參與政府的「職業訓練課程」或大學推廣部的各種證照學分班，仍是明智的選擇。

還有更多道路可以走

「找到工作」與「找到適合的工作」大不相同，前者是有一份職業，也許薪資亮眼；後者是完成「天命」，發揮天分而且快樂，將人生掌握在自己手裡，例如吳季剛、林懷民、江振誠等人。

以第五十四屆十大傑出青年江振誠來說，從淡水商工餐飲管理科畢業後，二十歲即成為全臺最年輕的法國餐廳主廚。不會說法文的他，仍勇敢前往南法米其林三星餐廳工作。只是削馬鈴薯的工作就做了兩年，二十五歲躍升為行政主廚。經過十年的「移地訓練」（自己換餐廳從頭做起），三十五歲時在新加坡創立法式料理餐廳 "Restaurant ANDRÉ"，被新加坡米其林指南評鑑為二星、全球五十最佳餐廳第 14 名、亞洲五十最佳餐廳第 2 名。2018 年返回臺灣，經營臺北 "RAW" 餐廳，是為了將親身經歷及知識傳承給臺灣的下一代。

江振誠說，學習沒有祕訣，「就是花時間，把時間空出來好好做這件事情」。他在南法餐廳廚房每天工作十六小時，只專注做好削馬鈴薯這一件事，就自然能跨界及突破。他很懂得「歸零」哲學，新加坡的 "Restaurant ANDRÉ" 餐廳經營成功後，他毅然結束八年的營業，並繳回米其林二星的榮譽。他堅持每一間餐廳最多只開十年，然後一

定從頭來過。**每當事業達到顛峰，就自認能力不夠而「歸零」，才能成為真正有能力的人。**

　　沒有自信的人，常感到自卑。為了掩飾自卑，就故意表現得很有自信，結果只有更加挫折。他們得不到外在肯定就認知失調，越想證明自己的能力，就越難接受別人的建議。不僅難有成長機會，反因累積過多錯誤而造成更大災難。甚至可能失去眼前的工作，弄得自己無路可走。

　　若能改變心態，就有更寬廣的職涯發展。當別人說我們不好時，先把想反駁的心壓制下來，多聽別人說，找出對自己有用的地方。**不要多做解釋，給人不能虛心受教、難以溝通的印象。**要懂得向人學習或請求協助，沒必要一味爭強鬥勝、證明自己比別人優秀，逞口舌之利的結果不會增加自己的實力。

🎓 生涯楷模

　　報載（葉冠妤，2019），五十五歲的黃幼智當了二十多年的代理教師，五年前開始挑戰正式教師，前四次都卡在複試，2019 年卻在考前四個多月遭逢變故，罹患選擇性失憶症。黃幼智靠著過往積累的實力，以正能量克服身心障礙，將溺水的自己撈上岸，參加北中南共六場教甄，僅兩場未取得複試資格，最後更考取北市、新北雙榜。她想以自身經歷鼓舞仍在黑暗中掙扎的考生，「有人比你更慘，你終會找到生命的窗口！」

　　畢業自國防醫學院護理系的黃幼智，從事將近十年的護理工作，因育兒緣故，才意外發掘自己的教學興趣。護理師後期開始在美語補習班授課，爾後辭職搬至花蓮，在紅葉、瑞穗等

國小擔任代理教師，一教就是十五年，期間修習教程、取得教師證。

　　五年多前，黃幼智陪小兒子北上就學，落腳新北市繼續任教。看到周遭年輕老師都在準備教甄，讓她興起嘗試念頭。她笑說「我就是很愛考試」，她認為雖年紀大、無所求，但姑且一試，還能把自己的考試歷程與態度分享給學生。

　　選擇性失憶症讓她一度感到天崩地裂，但她沒耗費太多時間怨天尤人，縱使對試題的記憶幾乎歸零，她也未曾放棄。她說，好在教育相關理論都還存留在腦海深處，憑藉著強大的正能量，「踏入試場的剎那，游上岸的氣勢就渾然天成了。」

　　她特別想跟仍在教甄路上踽踽前行的考生們喊話，不須哀傷老天的不眷顧，看完她的悲慘經歷，「你將相信，自己的一心一意，也能增強完成夢想的馬力。」

第三節　工作型態的求新求變

　　工作可選擇的道路其實很多，工作型態更可不斷求新求變，所謂「窮則變，變則通」。除了一般固定型態的工作外，其他還有：斜槓經濟、多職、兼職、自由工作以及創業。創業的範圍就更廣了，除了一般商業模式，下面再介紹幾種不一樣的工作型態。

社會企業

　　社會企業 (social enterprise) 是「為解決特定社會問題的企業」，

或「以企業手段、商業創新模式來解決社會問題的企業」，需自負盈虧、自給自足，不以政府補助或外界捐款為主要財務來源。

2008 年金融海嘯衝擊全球經濟後，經濟弱勢族群受到很大影響，包括失業。當時行政院院長江宜樺將 2014 年訂為「臺灣社會企業元年」，計畫在 2016 年底，以政府力量協助育成一百家社會企業。

社會企業創立本意是補政府與非營利組織的不足，讓社會企業以商業創新模式來解決社會問題、增進公共利益。想加入社會企業的人，需要具備下列能力與特質，摘要如下（社企流，2017：182-188）：

能　力

1. 細心：社會企業最主要的業務就是為受益者提供問題的解方，過程必須縝密考量許多眉角與面向。

2. 執行力：不只要有理想，更要有實踐的能力。手腦並用，重視過往的服務經驗。不只會思考，還願意「不怕把手弄髒」。

3. 傾聽力：能同理受益者，真正理解他們的需求和問題。能聆聽他人的想法，與團隊的互動、合作良好。

4. 學習力：很多業務都是「從無到有」，因此自我學習力很重要。必須持續學習，才跟得上團隊前進的腳步。

特　質

1. 善良：培養關心自己以外之人事物的習慣，具有為人服務和利他的精神。

2. 謙虛：無論受到怎樣的肯定，都不應輕易自滿，要持續求進步。

3. 以人為本：與受益者經營良好且長久的關係，不用「上對下」和「我來幫助你」的心態，而是彼此平等和相互學習。

4. 相信改變：要相信所做的事能帶來正向改變，才能與團隊一起實踐社會使命。

5. 團隊合作：不崇尚英雄主義，而是團隊大於個人。

6. 不怕失敗：社企之路往往更容易遭遇挑戰和失敗，要有打不倒的不倒翁精神，願意嘗試新挑戰。要正向看待失敗經驗，唯有面對失敗，才能跨出「舒適圈」。

非營利組織

　　非營利組織 (nonprofit organization，NPO) 是指不以營利為目的之組織或團體，其目標通常是支持或處理個人關心或者公眾關注的議題或事件。所涉及的領域非常廣，藝術、慈善、教育、政治、公共政策、宗教、學術、環保等，擔任彌補社會需求與政府供給落差的責任。

　　非營利組織與非政府組織 (NGO) 常是同義詞，包括各種協會、學會及基金會 (charity)。以接受政府補助或外界捐款為重要財務來源，所以申請補助或募款是主要的收入。

　　實際上非營利組織的運作與企業一樣，需要產生利益，其區別在於非營利組織是為組織服務的對象和服務內容而產生利益，且非營利組織受到法律或道德約束，不能將盈餘分配給擁有者或股東。

　　一般人常誤解非營利組織完全由志工管理，其實大多數非營利組織都有執行業務的正式員工。在執行任務時可能使用志願工作者，但要在組織正式員工的指導下執行公益服務。非營利組織的經營或管理者，必須小心平衡支付員工薪資。薪資費用相對於服務項目費用過高的非營利組織，可能會受到監管機構的審查。

　　第二個誤解是非營利組織不能有盈利，或透過營利活動為其組織創造收入。儘管非營利組織之目的，並非透過營運而使其利潤最大化；但仍然必須為其組織本身的財務負責。非營利組織的經營者或管理者，必須管理和監督其收入（包括贈款、捐贈和組織服務收入等）和支出，

以確保財政上收支平衡。

雖然非營利組織的管理方式與營利性企業的管理方式不同，如何確實的傳達非營利組織的理念、使命及存在的理由，以期非營利組織持續成長。管理的關鍵是經營者要設立有效的分工，明確描述各員工的工作職責，以確保落實非營利組織的理念。

非營利組織以不同的方式籌集營運資金，可來自組織內部或對外公開募款。可以是個人或企業捐贈，或是來自政府補助。非營利組織也可透過提供不同服務或銷售商品，以增加組織的資金與收入。

有很多因素影響非營利組織是否可以長期經營，最重要的是有足夠的資金來源，以維持組織營運。公眾信心是非營利組織能夠籌集資金的重要理由，要和捐助人或團體建立穩定而信賴的關係，這也是許多非營利組織經營管理者較缺乏、需要加強的地方。

志　工

阻擋人們從事志工服務的一個原因是缺乏時間，但其實是大家自以為沒有時間。如果能從小地方開始，長遠下來就會更積極地參與志工服務。用來吸引更多志工的方式包括：

1. 成長：提供訓練和學習新技能的機會。
2. 影響力：允許志工和受惠者互動，讓他們看見自己帶來的改變。
3. 態度：想想看你以何種方式邀請別人成為志工。
4. 經驗：讓尋找、加入和參與計畫，變得更簡單、更有彈性。
5. 認可：感謝志工的幫助與付出。
6. 社群：鼓勵志工和其他志工、員工或受惠者交流。

重點是給大家機會帶來改變，讓他們覺得很值得而且有意義。所

以活動企劃不要自己一個人做，要和志工一起計畫。他們可以幫忙建構並打造出想要參與的計畫，讓服務充滿意義、吸引力和價值。

 生涯規劃資源

非營利組織──華人無國界教師學會

「無國界教師學會」為全國性的非營利組織，成立於 2018 年 8 月。成員除了現職與退休的教育人員之外，並廣邀社會各界關懷教育弱勢者之熱心人士。學會宗旨在協助「教育弱勢的兒童與青少年」，使其享有「立足點平等」之教育機會。擁有足夠之教育資源（主要是師資與學費），能深入學習專業學科與多元才藝，增強其迎向未來之核心競爭力。

教育弱勢者主要來自經濟弱勢及偏鄉，所以學會積極整合人力、物力等教育軟硬體資源，與家長及偏鄉學校一起扶助下一代。

我國國民中小學總計 3,393 所，目前偏鄉學校計 1,169 所，比例高達三分之一。教育部將「偏鄉學校」分為三級，其中，偏遠學校達 811 所、特偏學校 211 所、極偏學校 147 所（最偏遠，最不方便之處）。因為整體教育資源有限，偏鄉學校之教育需求更不易滿足（家庭貧窮、交通不便、師資流動過大、家庭功能不足）。

學會的公益勸募焦點為「北極星教師方案」，除了募集教育弱勢者（個人及學校）所需之改善教育軟硬體之經費外，還囊括現職與退休教師、各行各業達人，提供專長才藝、育樂活

動與身心輔導等，發揮「北極星」指引正確方向之功能。希望幫助教育弱勢之兒童與青少年，在人生起跑階段及早受到良好照顧與啟發，學習探索自我、找到人生目標。

「北極星」最靠近地球正北方，千百年來人們靠著它來導航。迷路的人為了回家，都會抬頭尋找北極星。從人生角度來看，北極星也具有引領達成人生目標之意涵。

教育弱勢者需要的不只是「清寒補助減免」，更要讓他們的「天賦」得以發光發亮。學會推動之「北極星教師方案」，採彈性方式進行（週間、例假日或寒暑假營隊），到偏鄉學校或視個別學生之學習意願與需求，進行多元教學與長期輔導。幫助孩子突破先天及後天條件的限制，學習自立自強，朝人生目標勇敢前進。

凡資源不足、經濟弱勢、學習低落、身心障礙等學生及學校皆為扶助對象，使他們不因居住地區、家庭經濟、父母照顧、身心狀況等條件不足，導致教育機會不均等，影響個人與國家的發展。

生涯筆記

第四篇　家庭、心情，與時間管理

第**10**章 工作與生活的平衡
——這是人權議題

「工作與生活的平衡」是什麼意思？為什麼要重視兩者的平衡？哪些人或職業很難達到兩者平衡？

比較而言，年輕人似乎較重視工作與生活的平衡，為此而「不要加班」。但低薪迫使工作與休閒難以區分，為了薪水不得不壓縮休閒時間。沒有休閒活動會影響生活品質，讓年輕員工感到矛盾、心情複雜。明知這不是自己要的工作與生活，卻難以解套！

第一節　立法保障「工作與生活平衡」

　　醫師的收入雖高，但因工作時間很長，所以是很難平衡工作與生活的職業。聽聽下面這位醫師的現身說法（好腎醫師，2020）：

　　　　整晚沒得睡的情形是常態，真正可怕的是隔天仍然要延續白天的正常工時，直到下午五點才能下班。萬一事情沒處理完，繼續加班到八、九點也很正常。

　　　　前幾年陸續傳出醫師過勞而突發休克的事件，即使搶救回來仍留下永久性中樞神經後遺症，……一向照顧人的「神」，瞬間變成需要被照顧的「人」。我想不論是當事者或他們的家人，都是很難接受的。

　　醫生的工作性質與一般上班族不同，主治醫師是責任制，住院病人若有變化，第一時間會通知主治醫師，必要時需趕回醫院探視。面臨工作與家庭的選擇時，家庭會變成第二順位。所以醫生非常需要與家人多溝通，得到他們的體諒與支持。

「工作與生活平衡」的法規

　　近年來，衛福部與勞動部開始研擬將醫師納入《勞動基準法》保護，改善醫師的工時問題與過勞風險。即使工作環境尚未獲得改善，醫師仍然將病人放在第一位，何時休息並不全由自己決定。醫院的護理人員也需要三班輪值（白班上午八點到下午四點、小夜班下午四點到晚上十二點、大夜班子夜十二點到早上八點），照顧病人不分日夜。

「工作與生活平衡」(work-life balance) 是指使工作與生活的衝突能夠調和，避免將工作壓力帶回家中，或因生活困擾而影響工作表現。國際勞動的發展趨勢是支持「工作與生活平衡」、促進身心健康，所以立法加以落實。如《性別工作平等法》（民國 91 年公布，民國 105 年修正）：

1. 產檢假、產假、陪產假之規定，主要如第 15 條：

雇主於女性受僱者分娩前後，應使其停止工作，給予產假八星期，應給予產檢假五日；配偶分娩時，應給予陪產假五日（產檢假及陪產假期間，薪資照給）。

2. 育嬰留職停薪津貼之規定主要如第 16、17 條：

受僱者任職滿六個月後，於每一子女滿三歲前，得申請育嬰留職停薪，期間至該子女滿三歲止，但不得逾二年。同時撫育子女二人以上者，其育嬰留職停薪期間應合併計算，最長以最幼子女受撫育二年為限（依《就業保險法》規定，育嬰留職停薪津貼前六個月平均月投保薪資 60% 計算，每一子女最長發給六個月）。

育嬰留職停薪期滿後，申請復職時，除有歇業、虧損、解散、轉讓、裁員等情形，雇主不得拒絕。

3. 哺（集）乳、托兒之規定主要如第 18、23 條：

子女未滿二歲須受僱者親自哺（集）乳者，除規定之休息時間外，雇主應每日另給哺（集）乳時間六十分鐘。哺（集）乳時間，視為工作時間。

僱用受僱者一百人以上之雇主，應提供下列設施、措施：哺（集）乳室、托兒設施或適當之托兒措施。

4. 育兒調整工作時間之規定主要如第 19 條：

　　為撫育未滿三歲子女，得向雇主請求為下列二者之一：每天減少工作時間一小時（減少之工作時間，不得請求報酬）、調整工作時間。

5. 家庭照顧假之規定主要如第 20 條：

　　受僱者於其家庭成員預防接種、發生嚴重之疾病或其他重大事故須親自照顧時，得請家庭照顧假；其請假日數併入事假計算，全年以七日為限。

　　2014 年，勞動部訂定「推動工作與生活平衡補助計畫」，補助企業辦理員工協助關懷課程、紓壓課程、友善家庭措施、兒童或長者臨時照顧空間，建立工作與生活平衡措施。其內涵可從下列三個角度來了解：

1. 個人：能適當地將時間分配於工作、家庭及休閒等領域，減低在工作與家庭生活間的角色衝突。

2. 企業：重視員工需求，提供員工兼顧照顧家庭責任及個人生活的措施，緩和員工因工作與生活失衡所造成的壓力，激發工作的效率。

3. 國家：為因應少子化及高齡化人口結構，實踐性別平權，制定家庭及勞動政策，使有家庭照顧責任的勞工繼續在職場工作，提升勞動力素質。

　　「工作與生活平衡」的概念，將「個人生命週期」面臨的生活壓力與家庭責任，納為政策關心及落實的範疇。例如 2020 年 2 月因應「新冠肺炎」防疫，考量校園學生密集容易發生呼吸道傳染病群聚，為了

將風險降到最低,教育部宣布全國高中職(含)以下學校延後兩週開學。勞動部表示,十二歲以下學童之家長,可一人請防疫照顧假,雇主不可視為曠工,不可讓員工用事假或其他假別處理,不能解僱、扣全勤獎金或其他處分,最多可請十四天。勞動部表示,防疫照顧假是否給薪,交由勞資協商。人事行政總處表示,公務人員若請「防疫照顧假」,給假不給薪。

當時,有些企業同意請假,並給予全部或部分薪資。有些企業原本一年即有十四天有薪事假(含家庭照顧假七天),有些則給予半薪且不影響全勤獎金或考績。有些企業將十四天的防疫假併入七天的家庭照顧假,共計二十一天,員工要怎麼使用(家庭照顧或防疫假)均可以彈性調配,於前三天給薪。

「工作與生活平衡」的勞資雙贏

近年來,國際勞工組織 (ILO) 以「工作與生活平衡」之概念,取代「工作與家庭」一詞,關心每個人在工作、家庭照顧與個人生活的支持需求。企業也推動各種友善措施,如工作安排、彈性工時、幼兒照顧等,創造勞資雙贏。

「工作不是生活的全部」、「別為工作犧牲了個人的生活」,但如果主管本身以「工作第一」而很少休假,這部分該如何看待?例如老爺酒店集團執行長沈方正,對生活上如登山、旅遊等小事都做十分詳盡的準備,碰到工作自然更不馬虎。他說 (2019:82-83):

> 我剛擔任飯店總經理的前十年,花非常多時間掌握各種營運細節。每天的住客、團體資料,我一筆一筆檢查,研究客人的需求,思考我們怎麼以服務來滿足,進一步創造顧客的驚喜。

　　餐旅業最忙的時候恰好是休假日，要能成功經營一家大飯店，沈方正能做到連續假日、過年或旺季時不休假，確認提供最好的服務品質。這樣做要如何兼顧家庭及個人生活呢？但，只要自己真心喜愛這份工作、取得家人諒解，並重新安排休假時間，仍能同時擁有成功的事業與幸福的家庭。

　　這是一位經營者的敬業態度，絕非對下屬也同等要求。員工不必如此緊繃，還是要依照自己的狀況，合理安排工作、休閒與家庭生活。

⚙ 生涯情境模擬

　　全球化經濟時代，許多國家的人民比我們更拼命工作，而且成本更低廉。如印度、中國、巴西等，根本不曾煩惱「生活與工作平衡」的問題。向來強調悠閒生活的歐洲，近來也有了大幅轉變，法國政府開始重新考量 2000 年訂定一週工作三十五小時的規定。德國西門子 (Siemens AG) 和工會達成協議，將一週工時從三十五小時延長為四十小時，且不額外加薪。

　　以我國情形而言，《勞動基準法》第四章「工作時間、休息、休假」有明確規定，保障工作不要過勞且有時間從事休閒活動、與家人相處。重要條文如下：

第 30 條
勞工正常工作時間，每日不得超過八小時，每週不得超過四十小時。雇主經工會同意，無工會者經勞資會議同

意，得將二週內二日之正常工作時數，分配於其他工作日，每日不得超過二小時，每週工作總時數不得超過四十八小時。

第 32 條

雇主有使勞工在正常工作時間以外工作之必要者，經工會或勞資會議同意，得將工作時間延長之。連同正常工作時間，一日不得超過十二小時，一個月不得超過四十六小時（再需要時經協議不得超過五十四小時），每三個月不得超過一百三十八小時。

第 34 條

勞工工作採輪班制者，其工作班次，每週更換一次。但經勞工同意者不在此限。依前項更換班次時，至少應有連續十一小時之休息時間（因特殊狀況經商討變更者，不得少於連續八小時）。

第 35 條

勞工繼續工作四小時，至少應有三十分鐘之休息。但實行輪班制或其工作有連續性或緊急性者，雇主得在工作時間內，另行調配其休息時間。

第 36 條

勞工每七日中應有二日之休息，其中一日為例假，一日為休息日。

第 37 條

內政部所定應放假之紀念日、節日、勞動節及其他中央主管機關指定應放假日，均應休假。

第 38 條

勞工在同一雇主或事業單位，繼續工作滿一定期間者，應依下列規定給予**特別休假**（六個月以上一年未滿者休三日……十年以上者，每一年加給一日，加至三十日為止）。

第 40 條

因天災、事變或突發事件，雇主認有繼續工作之必要時，得停止第三十六條至第三十八條所定勞工之假期。但**停止假期之工資，應加倍發給，並應於事後補假休息。**

第 42 條

勞工因健康或其他正當理由，不能接受正常工作時間以外之工作者，雇主不得強制其工作。

如果你需要多一點時間陪伴家人、做自己想做的事情，除了法律保障的休閒權利之外，更重要的是必須想清楚自己要的是什麼，重新排定生活事件的優先順序。

所謂「平衡」，不只是單一階段內達到平衡，也包括不同階段之間取得平衡。工作初期，也許你會將較多時間投注在工作上，往後階段則逐漸減少工作量。但不論如何，仍要兼顧身心健康與家庭生活，尤其是夫妻情感、家事分工與對子女的責任。所以，你應該花些時間思考及找出自己的「重要與優先事務」，才能真正落實「工作與生活平衡」。

生活壓力或工作壓力不可避免，最重要的是自我調適與轉換。不要在工作時想著休息，休息時又放不下工作；休假時依然筆記型電腦不離身，只會讓自己更疲累。學習忙裡偷閒、適度放鬆非常重要，十分鐘也好、半天的空檔更好，「專心」享受悠閒時光。

以對待家人來說，即使只有短短十分鐘或半天時間，你也可以給予家人百分之百的注意。但還是要安排休假時間（家人時間），否則當你嘴上埋怨工作太多、三天兩夜的度假都排不出來時，你的孩子也在失望中悄悄長大。等你有空時，他們已離你很遠了（身體及心理距離）。

發現工作與生活不平衡，該如何面對？每個人都有自己的核心能力，這也是你的價值所在。應該專注於自己擅長的工作，其餘不要多管、白費力氣。每隔一段時間，應重新思考自己的工作是否符合當下的需求。以免花太多時間在工作，造成生活（身心健康）及家庭的損失，這是永遠無法彌補的。

第二節　職業婦女的平衡難題

一百多年前，居禮夫人瑪麗‧居禮 (Marie Curie) 突破了性別限制，創造許多奇蹟。她擁有高學歷、高度專業能力以及孜孜不倦的研究態度與成果，1903 年獲得諾貝爾物理學獎，1911 年再獲諾貝爾化學獎。

居禮夫人是物理學、數學雙碩士、物理學博士，居禮先生是理化教授。居禮夫人在生下長女後，並沒有停止對理化研究的興趣。居禮先生幫助太太說服了校長，在學校成立研究鐳射線的實驗室。1900 年居禮夫人成為首位任教於巴黎高等師範學校的女性，1906 年居禮先生遭馬車撞上身亡，居禮夫人接替丈夫在巴黎大學的教授工作，成為巴

黎大學首位女教授。在居禮夫人的帶領之下，鐳學研究所出現了四位
諾貝爾獎得主，包括她的長女和長女婿。1995 年，她成為首位埋葬於
先賢祠的女性。

生涯情境模擬

　　王永慶的女兒王雪紅（1958 年出生），畢業於美國柏克萊
加州大學經濟學碩士班。學成後回臺灣成立威盛電子，擔任董
事長；又創立宏達國際電子（宏達電，HTC），也擔任董事長。

　　王雪紅得獎無數，《華爾街日報》評為「全球最值得關注
的五十位商界女性」，美國《商業週刊》評選為「2005 年亞洲
之星」。2006 年她成為亞洲女性首富，2013 年獲得「全球百
大最具影響力女性排行榜」第 46 名（《富比士》雜誌）。

　　王雪紅和區永禧是柏克萊的同學，婚後分別擔任大眾電腦
資深副總與執行副總，直到王雪紅自創威盛電子。後因個性不
合而離婚，育有二子離婚都跟王雪紅同住。區永禧在美國另創
事業，王雪紅也投資他的事業，兩人仍維持不錯的關係。

　　王雪紅再婚的對象陳文琦，兩人之前共同創立威盛電子，
都喜歡音樂與文學，信仰是拉近他們距離的最重要因素。王雪
紅一家都篤信基督教，陳文琦在王雪紅的引領下，也有了相同
的信仰。

　　傳統「男尊女卑」的觀念，使得女性的職涯發展受到諸多限制。
女性被限制在「照顧家庭」的框架中，不知道自己還有其他的選擇。
雖然社會對女性沒有特別的成就期待，但女性不能因此少了對自己的

期待。女性仍應勇於追求個人目標，不要把所有認同繫於家庭。

女性要更加仔細考慮自己的生涯目標，制定家庭和職涯發展的路徑。分析自己的現狀，擁有哪些資源、想要追求的人生目標為何？婚前就要與「重要他人」（父母、未來伴侶）充分溝通。

女性在工作受挫時，常想到「回家」，很少撐到底、不放棄。如果動不動就搬出離職回家照顧小孩的說法，公司怎可能把重要工作交付給妳？女性在工作上受挫的挑戰主要是家庭，因為女性承擔的角色衝突比男性多，特別是在家庭事務與家人照顧上，不容易找到平衡點；久之對工作能力的提升，也造成一定的影響。

⚙ 生涯情境模擬

報載（游明煌，2020），基隆市警局婦幼隊統計，近三年的除夕到初二這三天，是家暴案的高峰期，平均一天有七件，呼籲大家多溝通、少計較。

過年期間的家暴案件，主要多是親密關係的對象，如夫妻、男女朋友等。家族成員從分散的各地相聚一起，可能對事情看法不同，容易起爭執，例如家務分配、旅遊計畫、到哪裡玩、花費多少等，都可能因意見不同而發生口角。親屬間的家族成員，也可能因酒過三巡後易起衝突。

家人相聚過年，家務分配可事前溝通，多些同理心，少些抱怨和計較。民眾若聽聞左鄰右舍有大聲爭吵或孩子哭鬧聲，都可撥打 113 保護專線，二十四小時不打烊。

媒體報導看來簡單，家務分配只要「事前溝通，多些同理心，少些抱怨和計較」就可以解決。但真實的情形為何？

　　過年期間的家務特別多,如採買年菜、做年夜飯、大掃除、回婆家、回娘家等。有些媳婦被要求每年過年期間,都要留在婆家幫忙,沒辦法或很少回娘家。有些職業婦女遇到春節假期長達九天時,不但不能好好休息,反而是一趟難熬的婆家之旅。除了要回去大掃除,每天也要花不少時間在廚房做飯。因為婆家堅持除夕、初一必須全家團聚,初二小姑回娘家,初三與初四親友來拜年等,做媳婦的都走不開。

　　就算媳婦可以回娘家,時間也很短,又被催促要回婆家。有些婆婆過於強硬,嫌棄媳婦不幫忙或是幫倒忙。有些媳婦認為忍幾天就過去了,有些人則是很難過關,先生又不站在自己這一邊。想到要回婆家過年,就開心不起來。不知何時才能告別父權的農曆過節,除夕可以不回夫家而回到娘家,或娘家、夫家與自己家共三家一起吃年夜飯,不分男女都貢獻心力一起做年夜飯。

女性如何爭取生活與工作的平衡?

　　米果曾為文〈女人肩上的「塵勞」〉(2018),介紹日本昭和文豪井上靖的自傳體小說《我的母親手記》。描述妻子因為丈夫的言行或存在,或因為家事育兒的壓力,或對婚姻生活的種種不滿,長期累積造成自律神經問題或荷爾蒙不平衡。此病好發於四十歲到六十歲的已婚女性,有頭痛、胃痛、目眩、耳鳴、心悸、易怒上火、焦慮恐慌、失眠、心情低落、憂鬱等等症狀,因與更年期症狀類似,而易被忽略。

　　以我國的國情而言,女性肩上的塵勞還包括打點婆家的事務,但

同時又愧疚忽略了娘家高齡父母或手足的互動。加上丈夫認為妻子應多關注夫家，自己卻不關心妻子的娘家事務，使得女性的壓力更大。這部分在現代社會已逐漸改善，一方面是現代女性比傳統女性積極主動，懂得爭取「工作與生活的平衡」；再者也是近來「性別平等教育」推動成功，使得男性也能分擔家務、照顧兒女。

老派的婚姻關係裡，丈夫不做家事也不幫忙帶小孩。有些家庭主婦每月向先生領取家用金（用來買菜及日用品），先生彷彿是發薪水的老闆，不但看不起妻子，還將妻子當員工般衡量其業績與價值。有些女性幫忙夫家的事業，不但成為免費員工，還得內外兼顧；又被限制行動與言論自由，喪失許多基本人權。

傳統的家庭價值觀認為，養兒育女是女性的最優先任務，不應追求事業成就。必須犧牲或放棄自己的夢想，這樣才符合社會期待。對職業婦女而言，該如何平衡家庭和工作不啻是一大苦惱。要不要加班、進修？要不要追求工作績效或升遷？女性時刻煩惱著如何應付傳統的「性別角色期待」。亞洲人生育率低，可能與雙薪家庭卻未男女都分攤家務（包括小孩照顧）有關。可推動的政策如下：

策略一：強制型父親育嬰假制度 (mandatory daddy month)。

策略二：工作與家庭「性別角色對稱化變遷」政策。

策略三：陪產假、育嬰假和兒童照顧假全薪化。

策略四：倡導男女共同承擔親職角色責任的政策。

女性須在懷孕及職涯發展當中做選擇，對於生育率及勞動參與率很不利，因此，必須持續改善兩性工作環境。除了在政策上推動女性懷孕後可以在家遠距離工作、復職支持、提供短時間工作勤務外，也要積極鼓勵企業任用女性擔任要職。改變養兒育女的傳統觀念，也是當務之急。男性要學習家務及育兒，國家應提供男性充足的家政教育。

　　生育率及勞動參與率高的國家，有哪些政策可以仿效？例如法國比臺灣更早出現少子化現象，1993 年的生育率降至 1.65%，2011 年時卻回升到 2%，主要政策為大量設置三歲以下幼兒的托兒機構，並給予家庭津貼 (family allowance)。從第二個孩子開始，每多一個孩子，金額隨之增加。

　　芬蘭的高生育率及性別平等，也與良好的家庭政策有關。國家提供父母充足的資源及心理支持，使其順利地生產和撫養孩子。同時加強父親角色，確保充足的家庭收入及幼兒照護。

　　瑞典兼有女性高就業率及歐洲最高的出生率，是因為爸爸們願意請假照顧小孩。瑞典政府為男人提供免費的「父親課程」，讓男人在心理和技能上，都能真正成為「育兒者」。1995 年推出爸爸假，若父親請假少於一個月，則家庭將被剝奪一個月的育兒假，且無法將假期轉移至母親身上。這項政策也補償父母雙方 90% 的薪資，使父親請育兒假的意願提升。

　　生育一個孩子就能享有超過一年的帶薪親職假，且福利津貼高達原有收入的 80%。父母任一方都可以在孩子八歲之前自由選擇休全職 (full time)、半職 (half time) 或是四分之一 (quarter time) 的親職假。

　　成大物理治療系副教授卓瓊鈺指出 (2017)，照顧小孩真的需要爸爸「出力」。研究顯示，照顧小孩最容易產生骨骼肌肉系統疼痛的問題。女性有較高的骨骼肌肉系統症狀發生率，主因可能是先天荷爾蒙及身體肌力和男性的差異。在衛教方面，應提供新手父母人體工學的諮詢，強調父親照顧小孩的重要性。男性體能本來就比較好，較不容易產生骨骼肌肉系統的症狀。改善少子化，男性要有領悟。平時多幫忙帶小孩、多做家事，讓太太有放鬆身心的機會。

女性如何追求事業成就？

如今照顧子女仍多半是婦女的責任，依行政院主計總處民國 106 年的調查報告：「十五歲以上有偶（含同居）女性平均每日無酬照顧時間為三‧八一小時，其中以做家事花費時間最長，平均每日為二‧一九小時；其次為照顧子女一‧一一小時；丈夫（含同居人）之平均每日無酬照顧時間僅一‧一三小時，遠低於有偶女性之花費時間。」

雖然現代社會注重「性別平等」，但職位越高的女性就越難兼顧家庭，加上受到「男主外、女主內」的傳統家庭結構影響，女性大多會選擇成就另一半。這些女性會成為自己的阻力，不敢比丈夫成功；情願犧牲自己的成就，讓丈夫無後顧之憂。

🎓 生涯楷模

報載（吳佩旻，2018b），臺灣高等教育的男女比例接近一比一，近十年大專校院女性學生人數穩定上升，專科達七成，大學也有近五成是女性，碩士班逾四成，但博士班的女性卻不到三成。女性讀博士班的比率較低，是因為家庭而被迫放棄學業。

交大前校長吳妍華說，自己在國外讀博士班，就曾考量到無法養育孩子，所以讀完博士班之後才回臺生小孩，並由父母幫忙撫育，自己繼續投入學術研究。吳妍華也觀察，約有一成的女博士生會半途請假，並且暫停學術研究，生完小孩一至兩年後，等到孩子可以進入幼兒園，才返校完成學業。

但也有學生從此投入家庭，她分享，有一名女生已攻讀博士班四年，為了扮演好家庭角色，請假了兩年。本想放棄研究，經她苦口婆心勸說才返校。

在國外為了方便這類學生，學校會規劃家庭宿舍，提供類似公寓的空間，讓學生能夠兼顧家庭與課業。臺灣目前已有少數學校設有幼兒園，提供就近托育服務，例如成功大學、中山大學、東海大學等。

　　報載（吳佩旻，2017），臺灣中小學校長的性別比率，男性約占七成，近十年來女性從兩成六增為三成。95 學年全臺有 726 名中學校長，女性僅 192 人；國小校長共 2651 人，女性為 693 人。女性平均占兩成六約四分之一。105 學年，全國 735 名國中校長中，女性有 247 人，約占三成三；國小有 2630 名校長，802 人為女性，約占三成。95 學年每 3.84 名中小學校長僅 1 人為女性，現已提升至每 3.12 人就有 1 人為女校長，但十年來成長幅度緩慢。而今，女性自主能力強，有更多女性勇於追求工作挑戰，加上能力受到肯定，更多家長及老師願接受女性校長。

　　女人最難抗拒的是小孩，常想提出離職，理由總是「孩子還小，需要媽媽」。雖然對於工作的全力投入能獲得精彩的成績，但一想到家庭與兒女，仍然會覺得自己對不起孩子。如果妻子和丈夫都有全職工作，妻子的家務及照顧孩子的時間大部分仍較丈夫多。需要有人照顧家庭時，女性更容易放棄工作認為如何能將養育工作交給先生，變成「家庭主夫」的家庭呢？

　　許多認真追求事業的年輕單身女性在職場五到十年後，會開始面對抉擇：該不該結婚？該不該生小孩？若要生小孩，如何平衡家庭與事業？許多女性選擇先生小孩，將事業「暫停」，直到小孩入學為止。

　　但有些女性生子後仍能繼續在職場衝刺，是因為配偶支持而且欣

賞她在專業上的成就。但女性只能期盼丈夫的支持與欣賞嗎？於是不少女性決定放棄生小孩，直攻事業。期望在工作上有所發展的女性，認為「好命」不是當少奶奶，而是得到自我實現的機會。配偶不僅要給予精神鼓勵，也要多留時間照顧小孩，這是平衡工作與家庭需要努力的方向。

不論政府的托育補助政策如何加強，僅就女性的角色期待與角色衝突而言，就能影響女性的生育意願。女性教育程度提高、經濟獨立，自我成就與社會價值觀跟著改變，「走入家庭、生兒育女」，不再是婦女的優先選項。

據報導（梁家瑋，2018），有位申請「育嬰留職停薪」的列車長，被以「貢獻不足」為由，壓低調薪幅度、甚至完全不調薪。於是高鐵工會至高鐵股東會抗議，要求公司應一視同仁，給育嬰留停的員工完整調薪。公司高層說，員工是在「家庭與工作之間選擇家庭、放棄工作」，公司覺得員工去年對公司沒有貢獻，所以不加薪，但他們卻看不到員工過去多年對公司的貢獻。

所以，除了採行彈性上班制度、部分工時制、育嬰假、托嬰與顧老等措施，以協助女性兼顧家庭與工作外，更要從整體教育著手。家事分工上避免刻板化的性別角色，加強推動「性別平等」的觀念，讓職場上「性別歧視」的現象徹底消失。

 生涯規劃資源

日劇《坡道上的家》

　　這齣戲劇描述家庭主婦里沙子，因擔任重大案件——「母親殺害八個月大幼兒」之候補陪審員，在案件審理完畢得到重

要領悟的故事。原來，那名犯罪母親與她一樣，都是性別歧視下的犧牲者。

里沙子為了擔任陪審員，不得不將三歲的孩子託給婆婆照顧。但丈夫卻有意無意的貶低她，認為她連育兒或家事都做不好（遭丈夫嫌棄回家沒飯吃），根本沒資格擔任陪審員。這使得里沙子的自卑感不斷加深，而且身邊也沒人可聽她訴苦（她和原生家庭的母親關係不好）。

殺童案的被告一樣受到丈夫的輕視，婆婆每次出現，也都指責她沒把孩子顧好，老是拿她跟其他人比較，認為當一個壞母親不如不要存在。種種壓力讓被告喘不過氣來，最終犯下無可挽回的罪行——在浴缸溺死自己八個月大的幼兒。

里沙子同樣有個言語霸凌的丈夫及時常冷嘲熱諷的婆婆，她也曾經被女兒氣得破口大罵、失去理智。於是她逐漸體會被告的心情，發現自己的生活彷彿與被告「重疊」。做為一個母親，總被期待「無條件付出」；但即使家庭成員過度索求，自己仍然覺得做得不夠好。

身為家庭主婦，在家中的地位非常卑微。如果丈夫沒有跟自己同一陣線，凡事都用責備的口吻，妻子當然會喪失信心。社會總用放大鏡檢視女性，使母親們如履薄冰。獨自面對育兒這個重責大任，更加焦慮、沮喪。

母愛是世界上最無私的付出，但也會變成無形的枷鎖。即使做為母親，也不應該捨棄自我。育兒的路上一定有些迷惘和痛苦，需要別人的同理心與溫暖關懷，而非破壞性的批評或閒言閒語。

第11章 紓壓、抗壓及保持正向
——將壓力化為動力

　　在我國的升學觀念及社會價值觀之下，願意為了考上名校（或至少公立大學）而犧牲睡眠、運動、朋友、休閒活動、社團等；認為一切等到考上理想大學再補回來就可以。這些事物可以犧牲嗎？可以像「補救教學」一樣補得回來嗎？

　　大學前後的生活，真的差別很大。高中職階段每天的生活幾乎都繞著考試轉，「學科」之外的「副科」，如輔導、美術、音樂、體育

等屬於藝術、休閒、身心健康的「非考科」，都「暫時不重要」。準備升學考試的時間都不夠了，課後及假日也要課輔或補習，哪有多餘時間運動、交朋友、娛樂？

第一節　為何抗壓性不足？

員工「抗壓性」低，常令主管頭痛，例如做錯事提醒他，就立即反駁；工作太累、覺得乏味，就選擇放棄或離職；公司離家太遠、工作環境不理想，就想打退堂鼓。

如果隨意離職，不僅浪費面試時間、公司的訓練成本，也造成交接困擾、耽誤工作進展。因此企業寧可多花點時間找到「對的人」，也不願意錯用抗壓性不夠的員工。

現今年輕人為何給人經不起挫折、逃避困難與缺乏責任心的印象？事情的真相為何？與成長環境及父母的教養態度有關嗎？

民國 80 或 90 年後出生的年輕人，生活較為優渥，成長過程中又深受父母疼愛，對孩子行為的標準寬鬆。等他們長大進入社會，才發現外在環境不像父母那樣的配合你，從此不適應及挫敗連連。加上父母在兒女工作受挫時，不但不鼓勵孩子自我調適與解決問題，反而責怪職場主管及同事，甚至強調不需要「受氣」。過度保護的結果，弱化了孩子的抗壓能力。

職場為何需要抗壓？例如業務行銷人員不只需要與客戶溝通，在說服客戶、等待結果時，也要有耐心，更重要的是，要擋得住業績壓力及失敗（顧客最後仍不買）。越擔心銷售成績不佳，越難保持平常心。再如汽車銷售工作，若急於將車子賣出，只擔心自己的業績壓力，買主雖能體諒你的難處，但絕不可能為了同情或減輕你的壓力而買車，

仍然會以自己的需求為考量。

「職場不適應」是造成上班族煩惱的主要原因，包括：無力改變現狀、專業能力不夠、對職場的生態與變化理解不足。企業與學校也有部分責任，即企業說明不足、學校課程與職場落差太大等。但年輕人不能只怪企業或學校，還是應該藉由各種機會，如企業參訪及實習等，主動詢問、觀察及學習。

⚙ 生涯情境模擬

　　每天的小災難，都把小妮搞得暈頭轉向。她開始失眠，腦海裡一直「重播」老闆及他人的批評，擔心著明天又會挨罵。她不禁覺得是自己的能力很差，每天都有辭職的念頭。她告訴朋友或家人，他們都說工作就是這樣、不要想太多、慢慢就好了，這讓她更加沮喪。

　　她不想太在意旁人的評價，也不懂自己為何因別人的一句話就困擾一整天。一直鑽牛角尖地想找出原因：「為什麼主管會這麼說？為什麼主管不喜歡我？」

　　辭職或許可以舒服許多，但也證實她真的沒有能力，使她更沒有自信。後來她決定撐滿一年再換工作，至少在履歷上能有一年的資歷。

　　但情況並沒有好轉，她總是擔心又犯了哪些錯誤？會不會被開除？一天到晚想著最壞的結果，使得身體因長期憂慮而心悸、頭痛。

　　要不要打電話、傳 Line 訊息跟朋友訴苦呢？這也讓她左右為難。既想得到朋友的安慰，又不希望自己的壞心情影響到

朋友。她知道此時最好的方式是重新評估那些艱難時刻對她的意義。哪些是事實、哪些是想像？但知與行是兩回事，她只覺得壓力越來越大……。

要防止情況惡化，最初就不必假裝堅強，或自我欺騙「沒有壓力」；而要「多管齊下」，及早縮減及消除工作壓力。

1. 自我調適

即使工作再忙，還是要抽出一點時間為自己的「成功」（不論多小）慶祝一番。下班或休假時，要與工作保持距離（包括「忽略」手機上工作群組的訊息），讓自己盡可能放鬆心情。

2. 保持彈性

不是每一件事情都可以依照原定計畫進行，「千萬別為小事抓狂」，事情出錯也是正常現象。只要臉皮厚一點，承認自己是個「傻瓜」或坦言自己是「魯蛇」（失敗者），這並沒什麼損失。

3. 放寬標準

過於執著於自我的完美標準，就會承受龐大的心理壓力。其實很多事情都有調整的空間，不是非要達到什麼標準不可。成功的定義放寬些，不要被完美的表面形象壓得喘不過氣來。適度衡量自己的能力，能做到幾分就做幾分。

4. 找有正面想法的人談談

有負面想法時，可以找人談談。但不要找附和、同情你的人，那只會給自己更多藉口，讓自己越發逃避。要找有正面想法、擅長自我激勵與鼓勵別人的「智者」，讓自己也能跟著看到不一樣的面向。

5. 興趣多元、休閒足夠

要抗壓則需將工作與休閒明確區分，擁有需要一些技能的休閒活動，如各種才藝（歌藝、舞藝、花藝、棋藝）、各種運動、旅遊、電影欣賞、閱讀（包含漫畫）、看展覽、桌遊、登山健行、音樂欣賞、樂器演奏、畫畫、烹調、烘焙、編織、手作物、唱歌、植栽等。

生涯楷模

開辦奇美博物館的許文龍（1928 年生），為臺灣奇美實業創辦人。他的樂趣廣泛，如拉小提琴、曼陀林、釣魚，也擅長雕塑，被稱為「老頑童」。他提倡企業乃「追求幸福的手段」，1988 年率先實行週休二日制，並鼓勵員工準時上下班。

由收藏名琴開始，奇美逐漸擴展收藏藝術品的領域，終於有計畫的成立博物館。許文龍指出，奇美博物館第一大特色是動物館，動物標本是最早的收藏，第二大特色是兵器館，而人類的發展史就是一部兵器史。奇美博物館標榜從小孩到老人都看得懂的美學文化殿堂，因為許文龍認為：「好的文物不能只是自己欣賞，也要分享給更多人；收藏文物不能只是自己喜歡的品味，更要是大眾都能欣賞的風格。」

他表示，國家強盛與否，取決於人民的文化素質和涵養，想提升國家在國際舞臺的競爭力，應從文化藝術著手。留給後代子孫的不是金錢，而是永續的自然生態及藝術人文資產。

第二節　認識職場壓力

　　當我們很努力，卻看到別人更努力時，可能為了督促自己迎頭趕上而自我施壓，反而「欲速不達」，把事情搞砸，讓自己睡不好、吃不下，工作無法專心。適度的壓力可以激發鬥志，但過量則會影響工作品質，且不利身心健康。

　　職場壓力太大，是一般人考慮離職的重要原因。高抗壓力不僅能讓自己樂在工作，更可展現良好的工作態度。抗壓力的培養，可以透過心態調適、站在對方角度思考、良好的時間管理、加強溝通能力、提升專業能力及工作技巧等，將壓力轉為動力。壓力在所難免，而且有其好處，如同壓力鍋可使烹調更快速有效，但要給壓力一個出口，否則壓力鍋會爆炸、造成傷害。藉由運動、踏青等多元方式，讓自己適時及真正地放鬆。

　　企業或主管都希望員工有高度抗壓性，遇到麻煩或不喜歡的工作，能先想出解決的方法，再將進度適時回報。抗壓性不足的下屬，處處依賴主管指示，消極的拖延與放棄，甚至將挑戰誤解為主管刁難。

　　其實危機也是轉機，壓力大就是自我改變或更新的時候。但是職場的領導階層，還是要避免讓員工「過度負荷」，以免造成員工職業倦怠及憂鬱傾向，影響產能及身心健康。有些人的健康傷害不是請病假或休息一陣子就可以解決，需要長期醫療，這就「得不償失」。

　　大學時期就要培養壓力管理的能力，面對事情較多、覺得困難時，雖不免心煩氣躁也不可因此生氣、抱怨或放棄。還是要先舒解壓力（小睡一下、洗個澡都不錯），再來面對困境。也可運用時間管理技巧，將困難的事情由簡入繁、分段完成。

🧠 生涯情境模擬

　　不論打工或正職，你能否承受上司或顧客的糾正甚至冤枉，不會一有挫折就想逃離職場？你能否「理直氣和」地表達自己的意見？而非「委曲求全」或「氣急敗壞」。「做自己」並不是口號，而要「溫柔的堅持」。

　　法國時裝香奈兒品牌的創始人可可‧香奈兒 (Gabrielle Bonheur "Coco" Chanel)，在回憶錄《我沒有時間討厭你》當中說，在瞬息萬變、競爭激烈的時尚圈裡，必須有精準的眼光及嶄新的想法，才能脫穎而出！她倡導全新的「生活方式」，既賦予女性行動的自由，又不失溫柔優雅。

　　她對高級定製女裝的影響，令她被時代雜誌評為二十世紀影響最大的 100 人之一。她追求自我夢想，創造想要的生活；她堅持與眾不同，勇敢地做自己。

第三節　抗壓的心理素質

　　抗壓與哪些心理素質有關，要如何培養或增強？

1. 自我效能 (self-efficacy)

　　自我效能是指個人對於自己是否具有能力完成某件事的信念。自我效能與個人技能無關，而與對擁有的能力之自我判斷有關。高自我效能的人將困難的任務當作磨練，而非認為是應該逃開的威脅。面臨失敗時會認為是自己努力不夠，或缺乏某些知識或技能；這些知能可以再學習，這促使他們更加努力。

　　反之，低自我效能的人，面對困難時會懷疑自己的能力，擔心自身的缺點，並放大面臨的阻礙，而非思考克服或成功的方法。對於失敗會認為是自己的能力不足（或潛在的自我設限），再怎麼努力也沒用，故傾向放棄。

　　自我效能是對自己能力水準的評估，依此帶來可能結果的判斷。自我效能決定了個體在面對壓力和困境時，判斷自己有否足夠能力去達成目標。這個信念會影響他們的選擇，決定要付出多少心力以及堅持多久。

　　自我效能並非客觀評估的結果，而是個人主觀的認定。換言之，人們對於自身能力的看法，影響了成就表現與行為動機，是一個人在追求目標的過程中，相信能夠達成目標的真實狀態和理想狀態間的差距。如果差距很小或不擔心差距，表示個人對環境控制的感覺較強，會更有自信。如果差距很大或太擔心差距，會使人喪失自我效能，降低達成目標的信心。

2. 習得性無助 (learned helplessness)

　　習得性無助是經過某些挫敗經驗而形成的無助感，最常見的是大環境改變，如戰爭、飢荒、旱災、疫情、經濟不景氣。習得無助感的理論最早由 1975 年賓州大學心理系教授馬丁‧賽里格曼 (Martin Seligman) 提出。他用狗來做實驗，第一隻狗被加上鞍具隨後解下，第二隻狗被加上鞍具後，接受短暫但有痛感的電擊，但狗可以經由碰觸槓桿停止電擊。第三隻狗與第二隻狗並排，也接受同樣電擊，前面也有槓桿，碰觸槓桿卻不能停止電擊。實驗結束後，第一隻與第二隻狗都迅速恢復原先的狀態，第三隻狗則被診斷出有憂鬱症。

　　習得性無助形成自我無能的錯誤結論，最終導致他們為了避免失敗而變得拖延作業，或只完成不費力氣的任務。面臨困難的工作容易

沮喪、憤怒、很快放棄，若要求一定要做完則十分焦慮。

　　造成習得性無助最主要的原因，是心理上認為自己無法控制某件事情，進而產生消極的行為。決定一個人是悲觀還是樂觀，即解釋困難與挫折時採取的歸因方式。樂觀的人對好事做持久、普遍和內在的歸因，對壞事做短暫、具體和外在的歸因；悲觀的人則剛好相反。古今中外類似的名言不少，例如德國哲學家尼采 (Friedrich Nietzsche) 說：

　　盲目的樂觀，只會使人感覺膚淺；過度的悲觀，則會使人走向毀滅。唯有悲觀後的樂觀，才是精神上的強者！

　　宋・陸游《遊山西村》的詩句：

　　山重水複疑無路，柳暗花明又一村。

　　孟子說：

　　故天將降大任於是人也，必先苦其心志，勞其筋骨，餓其體膚，空乏其身，行拂亂其所為：所以動心忍性，曾益其所不能。

　　自暴者，不可與有言也；自棄者，不可與有為也。

　　英國詩人濟慈 (John Keats) 說：

　　氣餒是絕望之母。

　　英國文學家莎士比亞 (William Shakespeare) 說：

　　明智的人絕不坐下來為失敗哀號，他們一定樂觀地尋找辦法加以挽救。

3. 正向心理學 (Positive Psychology)

正向心理學是一門新興的心理學，於 1998 年所創，是賓州大學心理學教授馬丁‧塞里格曼接續「習得性無助」的探討，目的在研究如何生活快樂、成功，與過著有意義的人生。因此正向心理學又稱為快樂的科學、正面思考或積極思考。

正向心理學要找的答案是：「什麼最能讓我們感到快樂？」結果發現：財富學歷與青春，對快樂的幫助都有限，宗教信仰與親情友誼更能讓人快樂。正向心理學認為，人們可以藉由後天的努力，改變先天的快樂水平。如何能使我們更快樂呢？

輕度悲觀、長期樂觀

輕度悲觀使我們在做事之前能三思而後行，不會做出愚蠢的決定。長期樂觀使我們的生活有夢想、有計畫，知道未來該何去何從。樂觀的人將好運歸因於人格特質、能力等永久性因素，對於壞事則解釋為暫時的、特定的變動狀態。因此，遇到好事會更有自信，遇到挫折會很快振作起來。

避免消極情緒的危害

抑鬱的人常把不是他的錯誤也攬到自己身上，常承擔不需要負起的責任（至少不需全部承擔）。抑鬱、哀傷會在短期內降低免疫系統功能，使我們的健康受損。消極的情緒會激發一種挑剔的思維方式，集中注意挑毛病，然後宣判自己出局。積極的情緒會使思維進入有創造性、包容性、構建性、非防禦的大道，因此路越走越寬。

追尋真實的幸福

真實的幸福源於發現自己的優勢和美德，並在生活中充分發揮。重新安排你的工作，使你的優勢得以展現，這不但會使你更喜歡你的工作，還會將例行公事、被動執行的枯燥工作變得有活力及創意。當

你真心真意去做這件事，它就能為你帶來很大的滿足。因為你是為了這件事的意義而工作，不是為了它帶來的物質報酬。

美國心理學會以賽里格曼的計畫為基礎，發展出十種增加心理強韌性 (resilienz) 的方法（王榮輝譯，2015：272-274）：

1. 與社會接觸：與家人、朋友及其他人保持良好關係。
2. 別把危機視為無法解決的難題：藉由對危機的詮釋與反應，改變它所造成的影響。
3. 接受改變是人生的一部分：將注意力聚焦在你可以改變的部分。
4. 嘗試達成目標：為自己設定切合實際的目標，不要好高騖遠。
5. 果斷的行為：盡自己所能克服困難，不要把頭埋進沙子裡。
6. 找尋自己：找各種可以認識自己的機會，增加自我價值感。
7. 以正面的觀點看待自己。
8. 關注未來：從長期著眼，以較大格局審視當前的處境。
9. 抱持最好的期待：培養樂觀的態度，想想自己「要什麼」而不是「怕什麼」。
10. 照顧自己：做些自己感到有趣且放鬆的事，並規律運動。

過去心理學的研究著重心理疾病的治療與改變負向情緒。但效果僅只為了使人們脫離痛苦狀態，忽略了更重要的目標——找出生命意義。人不只是要改正自己的錯誤或缺點，更希望找出自己的長處與價值。何況沒有人是完美的，缺點在所難免，且可成為「缺陷美」。反之，完美並不美，甚至會遭來禍事（樹大招風、人怕出名豬怕肥）。

正向心理不是為了爭取名利或權力，而是克服挫敗感，完成生命的價值及創意。凡事往好的方面想，利用正向心理來探索看起來不好

或於己不利的事情，相信發生在自己身上的都是良機。

　　相信正向心理能夠克服艱難困苦，是因為親身體驗過將潛能激發出來所造成的奇蹟。正確的心態都是由正面的特徵所組成，如信心、誠實、希望、樂觀、勇氣、進取、慷慨、容忍、機智、誠懇與豐富的常識等。真正成功的人，是那些已學會勇敢面對人生挑戰，且能把逆境中求勝的經驗傳送出去的人。正面思考的人，能坦然面對現實，深信生命有其意義，有解決問題的毅力與決心。

　　阿倫‧甘地 (Arun Gandhi) 是印度聖雄甘地 (Mahatma Gandhi) 的第五個孫子，他十二至十四歲時，與甘地在靜修院同住。祖父非暴力的榜樣，影響他的一生。在他的著作《甘地教我的情商課》一書中，對於憤怒的控制，祖父給他的典範是（李康莉譯，2019：34-35）：

　　他也曾因自己遭遇嚴重的歧視而感到憤怒，但是最終他學到報復於事無補，於是他開始用憐憫的心情對抗歧視與偏見的行為，良善的態度來回應仇恨與憤怒的行動。

　　甘地教導孫子寫情緒日誌：

　　每次你感到內在有股巨大的憤怒情緒，暫停一下，寫下是誰或什麼原因讓你產生這類情緒，以及是什麼原因迫使你採取生氣的手段回應（頁 37）。

　　因為我們需要將自己抽離，看看其他人的觀點。這不是讓步的手段，而是尋找不會引發更多憤怒與怨恨的解決之道（頁 38）。

　　憤怒讓你的眼光窄化，你所見到的淨是受辱的瞬間。當我們

輕率回應、猛烈抨擊，其實就如同發射出無法收回的子彈。也許之後你冷靜下來想回頭道歉，但傷害早就造成了（頁 39-40）。

面對問題，積極自我改進

有首歌《有些挫折是好的》，歌詞說：

有些挫折是好的，不然我會懼怕未來的歲月裡布滿荊棘。
一次打擊就多一份勇氣，一次困難就多一份毅力。

如今通訊科技非常發達，天災人禍等重大的負面新聞透過網路快速傳播，雖然使我們更清楚地掌握現狀、知所應變，但也可能促使負面情緒在無形中跟著擴大，使人變得悲觀、恐慌、無助。**這個問題是因為網路，還是自我情緒掌握及判斷訊息的能力不足所造成的呢？**

好比近來受到關注的「恐怖情人」或「家庭暴力」議題，重點不僅在對方有多恐怖、多暴力，以及對方應加強自我情緒克制。也在於我們與對方交往之初，如何了解對方？如何確認與對方的相處模式是否恰當？以及能否自我覺察進入愛情的速度是否太快？

不少人輕易對愛情「許下承諾」，他們認為感情已經成熟，其實也只是生理上的熱情契合，並未有心理上真實或親密的感受。彼此在相互分享訊息、想法、感受及未來人生規劃等方面，自我揭露均顯不足，也就是還不了解對方。等甜蜜期過後，衝突甚至暴力威脅發生時**才開始責怪對方，仍不承認自己的問題，不肯承擔自己的責任。**

臺灣的年輕世代瀰漫著一股「厭世味」，是指他們在缺乏希望又莫可奈何的大環境下，所抱持的生活態度。高等教育學歷不斷通膨，社會景氣一片低迷，懷抱著遠大夢想的年輕人，不得不忍受低薪與「慣

老闆」的不公平對待；面臨無法買房、難以成家，只能與父母同住的窘境。

九〇年代以後出生的人，學歷都不低，但因社會劇烈變化，容易感到徬徨、不安且疲憊，成為努力尋找希望的「厭世代」。低薪、貧窮、看不見未來、高房價、過勞、失業等「負面字眼」，是他們的共同困境。他們問：機會、希望都到哪裡去了？被上一代剝奪了嗎？政府要如何為年輕人找出路？

於是有些年輕人乾脆用消極抵抗取代積極作為，鄰近的日本和韓國也紛紛產生相似名詞如「寬鬆世代」和「全拋世代」。接受日本「寬鬆教育」改革長大的世代，經常被父母輩批評生活態度散漫、工作不夠上進。韓國的年輕人早已「放棄所有人生追求和希望」，認為與其汲汲營營，不如活在當下。

無論時代的考驗多麼嚴峻，**還是有不少懷抱熱血與衝勁的年輕人，拒絕被標籤化，堅持用自己的力量，探索一條屬於這個世代的道路。**無論是留在臺灣，抑或出國打拚，只有自己能為自己「定位」，用行動為自己發聲。

⚙ 生涯情境模擬

報載（劉嘉韻，2018），很多人在工作壓力大時，會不自覺地以吃來紓壓，結果出現情緒緊繃、頭痛、失眠等困擾。飲食習慣錯誤導致體內營養素攝取不足，引發壓力荷爾蒙失調，嚴重時會引發性慾低落、記憶變差、掉髮。

「抗壓食物」包括優質蛋白質、好油脂，及富含 B 群、葉酸的食物。B 群 (B_6、B_{12})、葉酸是人體抗壓荷爾蒙的重要轉換

原料，多存在深綠色蔬菜、五穀類、奶蛋肉類中。Omega-3 不飽和脂肪酸是現代人飲食中易缺乏的營養素，多存於鮭魚等深海魚類中。而堅果類兼具 B 群及 Omega-3 不飽和脂肪酸，也是很好的抗壓幫手。

平時應少吃下列三種「升壓食物」：

1. 加工食品：熱狗、香腸等。
2. 油炸製品：薯條、炸雞等。
3. 高醣精緻飲食：手搖飲、餅乾、甜甜圈、麵包、蛋糕等

這些食物會導致體內慢性發炎，出現情緒不穩、注意力不集中、易於焦慮等問題。

生涯規劃資源

1. **歌曲**：《傷心的人別聽慢歌》（2013 年，阿信作詞作曲）

不要再問　誰是對的　誰是錯的
誰是誰非　誰又虧欠誰了
反正錯了　反正輸了　反正自己陪自己快樂

這首歌提醒我們不要太在意別人的評價，沒有絕對的是非、對錯、輸贏，重要的是別想了、做自己、一定要快樂。

2. 電影：《萬萬沒想到》（2019 年）

　　本片是寶萊塢導演涅提帝瓦里 (Nitesh Tiwari) 在《我和我的冠軍女兒》創下印度電影全球票房冠軍紀錄三年後的喜劇新作。真實刻畫當年「失敗日子」教導我們的事：「人生沒有做不到，只有想不到。」

　　主角阿尼的兒子經歷了艱難的大學聯考，放榜結果卻和期待相差甚遠；兒子害怕成為別人眼中的「魯蛇」（loser，失敗者），於是跳樓自殺。雖然搶救回來，卻一直昏迷不醒。阿尼為了激起在躺加護病房的兒子之求生意志，找回當年和他一起成長的大學好友「魯蛇幫」，透過他們的經歷鼓勵兒子。

　　「我們計畫成功要怎麼慶祝，卻沒教孩子怎麼面對失敗。」試著接受每一次的失望、挫折甚至侮辱，這是唯一能撕碎魯蛇標籤的方式。一個看似人生勝利組的父親，其實也曾是個看到女性就緊張到窒息的男人。他身邊的魯蛇朋友們都因某種「失敗形象」而被貼上標籤，最可怕的就是「成績不好」。

　　印度社會和所有亞洲國家一樣，學子被灌輸「如果不讀某間學校、不做某種工作，就無法出人頭地」的觀念。在「成功」的狹隘定義中，只能努力得到別人的認可，真的極其痛苦！

　　隨著年紀漸長，慢慢才懂得自己真正想要的是什麼，能心安理得成為最喜歡的自己。

　　幸好阿尼鼓勵奏效，兒子從昏迷中醒來，有機會過「第二人生」。

第**12**章 自由、自律及時間管理
——講效率，更求效果

> 詠晴有很多事必須做，可以採取「番茄鐘工作法」用25分鐘專心做事，5分鐘專心休息，才會有效率！
>
> 品妤好會時間管理喔！
>
> 有幹勁的時候，一氣呵成的完成。如果來不及就熬夜，隔天再大爆睡！
>
> 妳累積這麼多事情，之前是怎麼分配時間的？
>
> 已經參與學長的社會企業
>
> 那是蕃茄醬工作法吧！
>
> 番茄醬？ 趕完了⋯⋯
>
> 用我的生命⋯

經過重重的升學關卡，終於苦盡甘來，不少大一新鮮人充分享受可貴的「自由」，安排滿滿的「休閒活動」。轉眼到了大三、大四，才驚覺懊悔，好像沒學到什麼就要結束了，懊悔浪費了寶貴的大學時光。還來得及「補救」嗎？畢業前才開始規劃生涯、安排時間，還有用嗎？

第一節　時間都去哪兒啦？

　　對於時間管理，有人覺得「完全不需要」，因為他對自己的能力與效率有信心，喜歡「一鼓作氣」把事情做完。另外有些人則是喜歡隨興（或隨性）度日，凡事隨緣、不強求。覺得時間管理過於「機械化」，不合乎他浪漫的生活風格。

　　的確，如果目標不多、時間不少、眼前沒什麼急事，的確可以按原來的生活步調度日（或活在舒適圈裡），感受不到時間管理的「奇異恩典」。其實，沒有人不需要時間管理，只是需要的程度、運用的方式不同而已。例如你同時要趕飛機、交作業，而且是出國談一筆重要生意、作業成績關乎能否獲得一筆高額獎學金時；你就有好多事情需要準備，只會擔心時間不足。

　　一天二十四小時，要上課、工作、休閒、睡眠、運動、社交活動、進修、照顧家人……，時間就這麼多，一定不夠分配，該怎麼取捨或「增加時間」？你對自己分配時間的方式與結果滿意嗎？萬一分配不均、本末倒置，該如何挽救？生涯／職涯規劃，為什麼需要學習時間管理？對前途有何影響？

手機成癮的時間耗損

　　根據資策會「2017 年 4G 行動生活使用行為調查」，臺灣民眾使用手機的時間年年增長，進行的活動也更加多樣化。娛樂性活動如影音、音樂、遊戲的使用比例，較三年前同期（2014 年第四季）顯著成長。

　　十三歲至二十四歲的學生族群，偏好娛樂性活動，以聽音樂、看影片為主。二十五歲到四十四歲的族群，則有大量社交活動，包括逛社群平臺和使用 App 聊天等。四十五歲以上則以拍照和瀏覽新聞為主。

　　「民國 107 年持有手機民眾數位機會調查報告」（國家發展委員會委託，聯合行銷研究股份有限公司執行）指出，國人平均每日花在手機上網的時間越來越長，2011 年為九十二分鐘，2017 年突破二百分鐘，2018 年增至二一一分鐘，等於每天超過三・五小時在手機上，衍生出網路成癮現象。調查顯示，二十歲以下青少年中，近三成自認有沉迷問題 (29.3%)，比率偏高。即使一般人，使用手機對學習及生活造成的影響也值得深思。

　　各年齡層中，未滿二十歲的手機行動上網族連網時間最長，每天平均達二八二分鐘；其次為二十至二十九歲，每天二七五分鐘。不恰當使用手機的狀況以「與家人、朋友吃飯時會滑手機」最常發生，其次為「邊看電視邊滑手機」、「上課或上班中使用手機上網」、「馬路行進中滑手機」。

　　每天滑手機需要四、五小時，不少人感覺自己已經上網成癮，「渾然忘我」地長時間「上課或上班中使用手機上網」（不是因為課程或工作需要）。這樣的時間分配除了影響學業與工作，會否損及健康、人際關係？嚴重成癮者須接受治療，一般人又該如何自我節制？

時間分配

　　大學生活自由，更需要自律，否則一切只是空幻。尤其上課時滑手機而無法專心學習，更要自覺自省。若日後想過斜槓或多職人生，有較多自由時間與較高收入；或將來在職場上能適應得更快且受到賞識，就要學習時間管理，將時間分配在下列這些更重要的事務上：

1. 服裝儀容：包括皮膚保養、身材與體態、穿著打扮。
2. 正向情緒：包括情緒穩定、挫折忍受力、正向情緒及幽默感。

3. 生活空間：包括房間、書桌、抽屜、衣櫃、檔案夾、各科上課
　 資料的整理。

4. 課業計畫：包括選哪些課程、寫報告、研究所及證照考試、語
　 言與跨域專長的培養。

5. 打工實習：包括各類職場體驗、自我能力測試、困難任務與危機
　 處理。

6. 人際關係：包括社團活動、人脈建立、家人關係的增進等。

7. 身體健康：包括睡眠、運動、休閒、宗教活動等。

時間管理的報酬

　　為什麼需要時間管理？因為我們常不自覺地浪費時間，即使是較
短的時間，「積少成多」也很可惜，何況是浪費了大半天。例如下午
才有事情或要出門，上午的節奏就自動變慢，甚至無所事事地「閒
晃」，使一個上午的生產力掛零。

　　若每日的作息不正常、起床時間不穩定，就比能固定時間起床的
人荒廢不少時間。比起早起的人，更是少了許多時間。這裡還沒計算
因「熬夜」、「晚起」對於健康、效率、活力與創意，造成的龐大損失。

　　不做時間管理的人，**大多屬於衝動型或拖延型**。衝動型只求「速
戰速決」，不太能深思熟慮；自認為效率高，卻少有長期目標與計畫。
拖延型因克服不了惰性或完美主義，給自己太多藉口不去工作、無從
發揮。調合這兩類型的方法是「做就對了」，先做出一些成品或承擔
長期的工作，再來修正品質、提升耐心及遠見。

　　學生時代就要培養正確的「時間觀念」，準時上課、提前準備考
試與作業、配合團隊行動。否則到了職場，會因為工作態度不對，得
不到主管的重用。學生時代上課，遲到沒什麼關係，有人甚至覺得「遲

到總比沒到好」。習慣晚睡晚起之後，早上八點的課總是爬不起來，「賴床」成了快樂又痛苦的來源。

職場有嚴格的規範，遲到不僅要請假（主管還不一定同意）、扣薪，也會耽誤工作進度。主管希望員工有團隊精神，不因為自己的問題而加重別人的負擔。工作拖延不僅妨礙團體績效，也影響團隊士氣。就算你的工作能力不錯，若不能準時進辦公室或開會，尤其在重要會議上遲到，會讓人質疑你的專業度。

學習時間管理可以改變你的人生，從前早上總爬不起來、覺得睡不飽。學習時間管理之後，可以睡得夠、早起，不僅有時間吃早餐，還可做其他重要的事（閱讀、運動、進修）。

從前總是「熬夜」、擠不出時間來工作。長期睡眠剝奪的結果，使得工作成效下降、身心健康受損。學習時間管理之後，為了儲存體力，會提早上床睡覺，歡喜迎接明天的到來。

從前過一天算一天，計畫永遠趕不上變化。不敢樂觀，以免陷入更深的沮喪與失望。較為憂鬱、容易放棄，心情常大起大落。學習時間管理之後，能找回自己的選擇權、更有正能量，成為實踐者而非幻想家，擁有真正的快樂。

時間運用不在於數量多，而在品質佳。同樣的時間在不同人的身上，顯現的結果差異極大。有的人能完成的事情更多，想做的事情也都能做到，變成一個「很有辦法」的人。有的人卻每況愈下，成為有「一堆藉口」的人。

時間要花在重要的事務上，如溝通、休閒及睡眠，避免日後花更多時間化解衝突、重建關係、治療痼疾。以職場溝通來說（周春芳，2019：85）：

有「很多機會」可以跟主管建立情感面的連結，……缺乏信

任感的主顧關係，最後必將由「冷淡關係」演變成「危險關係」。

所以工作上一定要「花時間」與上司、同事建立良好的關係，機會包括：一起開會或出差時、非正式場合的交談、聚會、聚餐等聯誼活動。

第二節　贏在時間管理

不少人以為時間管理只是「機械化的規則」，追求的是速效、極限及目標達成。有人則認為只要自己的執行力及效率很好，就不需要時間管理這種「形式」。

「時間管理」的進化

史帝芬・柯維 (Stephen R. Covey) 將時間管理的演進分成四代（顧淑馨譯，2005，詳參頁 127-150）：

第一代：著重利用便條紙與備忘錄，在忙碌中調配時間和精力。

第二代：強調行事曆與日程表，注意「規劃未來」的重要。

第三代：講求「優先順序」，依據事情的輕重緩急訂定短、中、長程目標，將有限的時間、精力加以分配，爭取最高的效率。

第四代：關鍵不在時間管理而在「個人管理」，重心放在產出與產能的平衡。

柯維將事情按照「重要」和「緊急」程度，分成了四類，如表 12-1：

表 12-1　按照「重要」和「緊急」程度而分的四類事務

	緊　急	不緊急
重　要	第一類事務──「重要且緊急」 · 危機 · 急迫的問題 · 有期限壓力的計畫	第二類事務──「重要但不緊急」 · 防患未然 · 改進產能 · 建立人際關係 · 發掘新機會 · 規劃、休閒
不重要	第三類事務──「不重要但緊急」 · 不速之客 · 某些電話 · 某些信件與報告 · 某些會議	第四類事務──「不重要也不緊急」 · 繁瑣的工作 · 某些信件 · 某些電話 · 浪費時間之事

　　柯維建議：捨棄第三、四類「不重要」的事務，節制第一類「重要且緊急」的事務，投注更多時間在第二類「重要且不緊急」的事務，才是「個人管理」之鑰，能使危機較少發生。重要的事務要在「不緊急」的時候做，才能避免或減少第一類「重要且緊急」的事情。

　　時間管理不是為了做完「所有的事」，而是保留足夠時間做「重要的事」。越忙越要冷靜，排出事情的先後順序。要學會取捨，減輕不必要的負擔。基於職責而不得不做時，則要加強自己的「韌性」，理性地完成它。要克服東摸西摸的壞習慣，還要拒絕「干擾」，尤其是網路世界的誘惑。

時間計畫

　　每天的時間管理就等於工作計畫，包括先後順序、預定目標、時

間分配、團隊分工等。不僅「個人」需要時間管理，「團隊」也需要時間管理，一起掌握及完成每週工作目標、下週工作計畫、行事曆、年度工作計畫、組織的短中長程目標等。

團隊工作不免遇到較不負責的隊友，多半人會選擇放棄溝通，但這樣做只會加重自己的負擔。儘管曾被隊員拖累，也不必「因噎廢食」，誤以為與人合作的效率較低，還是要學習和各種類型或不同性格的隊員合作，設法把拖累團隊的人轉為有用的人。可以先了解他拖延的原因，再討論問題解決的方式。不要影響到大家的心情工作，才能及時追趕上團隊進度。

運用「時間計畫」可以做什麼？

1. 排出事情的先後順序、輕重緩急

運用 ABC 分析法（張泰嵐譯，2006：48-49）：A 級——最重要、必須親自做，B 級——重要、可分派別人完成，C 級——次要、價值最小的日常瑣事。每天排一至二個 A 級任務（約三小時），二至三個 B 級任務（約一小時），只花最少的時間做 C 級任務（約四十五分鐘）。較早起、較安靜的環境，節省接電話及打電話的頻率，控制滑手機的時間等，就可擁有更多高品質時間，以完成 A 級任務。

2. 更快完成重要工作，減輕心理壓力

列出每日的工作清單，並排出先後順序或輕重緩急，然後排入今日的時間管理表內。能讓自己產生激勵作用，覺得更接近目標與成功。先做完重要工作，能減輕心理壓力，發現自己比原先想像的能幹，許多事情也不如想像中困難，不需再為失敗找藉口。許多的「好點子」若未落實，不僅是「空想」，反而會加深「習得的無助」。「想得多，做得少」，只會累積壓力、降低自我效能。

3. 花「短時間」做計畫，可以賺到「長時間」

能計畫及掌握工作進度，就能找回生活的主導權。按照自己的時間安排工作（個人的 "SOP"），才能完成自己的夢想，超越老師、老闆及客戶的期望。但不要計畫過度、高估自己，多數人難以擺脫「計畫謬誤」的魔咒，十件事只做完兩、三件，之後就沒力氣或沒興趣再做了。其實一般人的專注力也不過二十至三十分鐘，所以時間管理可在一小時內安排兩至三件事，變換工作能更加專注。若兩、三小時只做同一件事，容易造成疲倦、厭倦與思緒枯竭。

4. 不在於做多少事，而是要「做對的事」

時間管理能「聚焦」於目標，增加責任感與積極度，清楚下一步該怎麼走，或掌握未來的方向。遇到困難時能自我激勵，爭取自己想要的人生。時間管理不是找到更多時間，而是有效運用時間。時間即使不多，只要能專注，依然有所體悟。所以時間運用的關鍵不在於「做很多事」，而是要「做對的事」。

時間管理因「性別」而有差異嗎？以家庭主婦來說，有許多「時間竊賊」（張泰鳳譯，2006：97-98）出現，如電話、來訪者／途中偶遇的人、推延工作、沒有重點、承受過重的任務、多餘的事務、不能分派的任務、害怕說不、沒有明確的目標、缺乏自律，使自己的時間不足。

所以專職母親也需要嚴密的時間安排，因為想要獲得自我放鬆和與人交往等屬於自己的時間。除了要有效率地應付上述「不期而至」的事，更要把「能讓自己愉快」的事列入每日時間計畫中，盤算著妳在何時何地希望愉快的事情發生。如果妳認為「購物時與人聊天」是一大樂事，就把去超級市場的時間多安排二十分鐘。

職業婦女工作時也會想到家庭與兒女，兒女生病時更須想辦法請

假照顧，否則會被「賦予」強烈的罪惡感。若需出差、開會甚至只是較晚下班，都會惶恐不安，深怕家人責備；男性工作者會否如此？**女性該怎麼做，才能避開這些「時間陷阱」？**

🎓 生涯楷模

　　日本《島耕作》系列漫畫作者弘兼憲史，在畫漫畫之外，也有相當多的著作，如《時間活用術》(2008)、《弘兼憲史上班族整理術》(2009)、《弘兼憲史談松下幸之助之經營入門》(2010)、《弘兼憲史教你聰明看懂財報》(2010)、《弘兼憲史教你活用孫子兵法》(2010)、《人生 60 才開始的 43 個方法》(2013)、《90% 夢想無法實現》(2015)。

　　弘兼憲史是個成功的自由工作者，為了準時交稿，他會制定小計畫並嚴格遵守。假設還有八頁漫畫要畫，距離截稿時間只剩六小時，他就規劃一張圖可以分配四十五分鐘。如果現在是下午兩點，就在第一張紙上寫二點四十五分，第二張寫三點半，第三張寫四點十五分，如果某一張圖進度落後，下一張就會加快速度。

　　他每個月有六次漫畫要交稿，還有廣播、專欄等，超忙的工作讓弘兼三十多年來每天睡眠時間大約只有四、五小時，不過弘兼還是笑口常開，因為他不是完美主義者。

　　時間運用要遵守「鬆緊帶法則」，保持「一緊一鬆」的頻率。不要把時間排得太滿，**週休二日屬於「彈性時間」及「喘息時間」，可將本週沒有做完的事結束、下週的工作也提前準備，並且留更多時間**

運動及休閒娛樂。

記得在時間計畫表上「留白」，即使大部分的時候很忙，有一兩段「空白時間」也會讓人安心。平時要以各種休閒方式讓身心放鬆，如花藝、植栽、室內設計、藝術欣賞、與人談心，越放越愈能激發正面情緒及活力。工作要能圓滿完成，就一定要「內在放鬆」、「樂在其中」、「外張內弛」是最重要的生活態度。

第三節　時間管理 Q&A

時間管理與生涯／職涯發展有何關聯？因為，想在某個專業領域有所成就，不僅要有傑出的專業知能與表現，還要能把生活安排得井然有序、從容不迫，才能隨機應變、減少失誤。

學生時期想要學好時間管理，要建立哪些態度與技巧呢？

學生時期的時間管理習慣　　學生記者 政大大學部 卓欣誼 報導

每個人的一天都只有二十四小時，扣除吃飯睡覺，還有多少時間可以利用？我們要學習、工作、休閒、與家人及朋友相處，如何能處處完美？人生最終莫過於沒有遺憾，如果現在自問是否活得快樂，你真能問心無愧嗎？

時間運用上，我認為若現在「最有心情」做某件事，就去做那件事，因為「有心情」的時候做事速度最快、效率更好。在休閒上，我讓自己休息得心安理得，便是給自己一個「有意義」的理由。例如想看電影的時候告訴自己：「我在學習外文」，想看古裝劇可以說：「我在學習歷史」，想睡覺也可以說：「至少對身體比較好。」

當壓力大的時候，心理壓力不去除，身體也不會健康。久久不休息，很可能累積成病，反而誤了可用來做事的時間。若不給自己一個喘息的機會，總有一天身體會強迫你停下來，到時候付出的代價更大。

　　　　　　　　　　學生記者　政大研究生　王庭恩　報導

生涯發展屬於較長期的概念，我們不會把「明天」設定為生涯發展的一個里程碑，儘管未來是由所謂的「明天」堆積而成。因此，有效的時間管理，就成了生涯發展的利器。

我們可以把生涯發展想像成一場馬拉松，時間管理就是規劃如何「配速」。優秀的馬拉松選手往往重視配速，但良好的配速需要有效地執行。

有了確切的生涯規劃，就可以依現況先作大致安排，再細分至月、星期、日甚至小時，並考慮實際可行性，再逐步執行與修正。

時間管理從學習「準時」開始，這可看出你對這件事重視的程度。與心儀的對象第一次約會，你不但不會遲到，甚至興奮得提前半小時去，因為你在乎對方，想讓對方留下好印象。若不準時，對方或許認為自己並非你的最佳人選。

由現在臺灣校園觀察，學生上課的準時標準並不符合職場要求。從小學、國中到高中，雖有少數教師特別重視準時，但多數老師也是聽到上課鐘聲，才從辦公室走向上課教室。因此學生在潛移默化中，也有了模糊的標準，認定遲到四、五分鐘是被允許的。還有時候，學生會覺得老師總是拖延下課，這也是造成準時觀念模糊的原因。

若把一樣的情境換到職場，預定九點鐘開會，準備的動作如打開會議室的門、茶水與桌椅安排、資料分發、電腦設備測試，這些事會在九點才開始做嗎？我們會覺得荒謬至極吧！但身為學生的我們，為什麼沒有意識到自己正是如此呢？上課和職場不該有兩套標準，準時都是必要的，務必記住，提前到達才是準時。

學習時間管理，須先釐清下列問題。明白時間管理的基本原理原則，之後「運用之妙，存乎一心」。

Q1：計畫趕不上變化，怎麼辦？

A：原本規劃要完成的重要事情，因電話、臨時交辦或突發事故等被打斷或影響心情，之後很難接續原本的工作，也沒有時間做完原先的工作，怎麼辦？

所以，訂定時間計畫不能太理想，要考慮及接納「變化」的發生。臨時有事故其實是「正常」現象，不要視為意外或干擾。原先規劃的事情被打斷，可以再找其他時間補回來。或者可縮短工作的時間，積極找到「事半功倍」的方法，完成原本預計的工作。處變不驚或臨機應變，也能增強自己時間管理的功力。

Q2：無法精準估計做某些事所需的時間，如何調整？

A：時間計畫就是學習「精準估計某些事所需要時間」的技巧，所以初學者要花較多時間做時間計畫，對於「預估」這件事，感覺有些困難甚至不耐煩，但千萬不要因此放棄。

個人的時間計畫不等於上課的課表，不必按照上下課鐘聲進行。只是列出自己的工作清單，排出做事的先後順序及預定分配的時間。

如何分辨事情的緩急輕重？如何不拖延或果斷處理？如何避免太多事情擠在同一時段？這些判斷力的培養，才是時間管理的精髓。

多半人會高估自己的效能，時間計畫的結果是「雷聲大，雨點小」。所以要學習「寬估時間」及「提早開始」，使自己不在「時間壓力」之下工作。

Q3：耗費很多時間在準備工作上，壓縮了執行的時間，以致無法在期限內完成，怎麼辦？

A：的確，不少人有「完美主義」的傾向，總先立定一個偉大的目標，卻沒有相稱的執行能力與足夠時間去完成。

所謂「耗費很多時間在準備工作上」，其實只是拖延或自我安慰。「說一尺不如行一寸」，再好的構想，若無實際行動仍是空想。不要再給自己逃避的理由了，應該把時間放在執行上，如組織人力、工作計畫及解決問題，這才是真正的時間管理。

Q4：有些事情無法於二十分鐘內完成，如何切割？

A：大多數事情都無法於二十分鐘內完成，以老師這份工作來說，改作業、備課（閱讀資料與教學計畫）、與家長聯繫、出考題等，都需要好幾小時，所以才要學習時間切割與分段完成，以免沒有時間去做。

要改掉「一氣呵成」的習慣，一次做完雖然看起來很有效率，但只是把工作快速完成，不見得做得更好。「慢工出細活」，應給工作一些醞釀及等待改變的時間。不少人覺得事情中斷後難以繼續，改善的方式是在告一個小段落時結束工作，之後較易銜接。

Q5：父母如何教導孩子時間管理？

A：從小學就要開始學習時間管理，如上床及起床時間、準時到校及準時上課、做功課與遊戲時間的掌控與平衡、假日的時間計畫等。

父母要及早放手（不是放鬆、放縱），否則孩子的獨立與自律能力較差。

時間管理的最新觀念即「個人管理」，父母要有耐心、不干預，讓孩子學會自我管理。給孩子準備鬧鐘及計時器，當他進步時就給予獎勵（積極增強）。若自小不能管理好自己的事情，長大後會習慣推卸責任與拖延。若父母一直將孩子的事視為自己的事，孩子出社會後仍會是「媽寶」。

Q6：想到什麼就做什麼，有什麼不好？

A：的確，不少人覺得自己的管理能力很好，不需要時間管理。其實他們已經在做時間管理，只是不喜歡有明確的計畫。他們喜歡一次性的工作方式，不喜歡工作壓力。

但相對的，他們較不擅長計畫或不太有耐心從事長期的工作。這種人就算很有才能及自信，也自我限縮了發展空間。總會找許多理由拒絕工作，不肯走出舒適圈。呈現出一種外在積極、內在消極的態度，不易擔任領袖與承擔重任。

Q7：身心狀態不佳而影響原本的時間計畫，怎麼辦？

A：高效率與高成就的確得有健康的身心狀態來支持，否則會因腦力不濟或體力不支，無法有更好的表現。

良好的身心狀態要靠足夠的睡眠、運動、休閒活動及人際關係等建構，這些都需要「時間」。如何撥出足夠的時間，也是時間管理的重點。「睡眠、運動、休閒活動及人際關係」屬於「重要但不緊急的事」，一定要在不緊急的時候多做，長期累積的效果最佳。等到身心出問題了再來補做，通常事倍功半甚至來不及。

Q8：時間管理能解決前一秒的問題、改變下一刻的命運嗎？

A：會這麼想，是因為沒打算在前一秒解決當時的問題，所以過

去的問題累積越來越多，影響到下一刻的命運。負能量越多，前進的動力就越少，因為你不想面對某些壓力。

如果不能從這一刻開始好好珍惜時間，那麼你的下一刻是沒有希望的。人生只會不斷複製過去的模式，一種不去解決問題、不肯為將來多付出的模式。「心想事成」或「吸引力法則」是建立在現在每分每秒的努力上，也就是個人現在的所有行為，總稱「命運掌握在自己手裡」。

Q9：為什麼早上就是爬不起來？

A：常聽人說「叫你起床的是夢想，而不是鬧鐘」，或者說「裝睡的人叫不醒」。每天早晨你是雀躍地跳起來，覺得對今天的每件事都非常期待？還是「無所謂」？反正幾點起床都沒有差別，甚至不知道為什麼要起床。

這個狀況，在大學的早上八點第一堂課特別明顯，不少同學無法早起，萬不得已必須上第一堂課時，不少人遲到甚至缺席。反之，為什麼有人從不缺席，甚至提前到達教室？有些人能改過，下次不再遲到；有些人想改過，但下次仍然遲到；有些人則是完全放棄，辦理棄修或等著被當掉。

早上起床上課這件事會失敗，其他事情要如何成功？是否應好好研究一下，別人為何能早起、準時上早上八點的課呢？

生涯規劃資源

時間計畫的示範

1. 改變工作習慣為「短時間做事法」，一件事一次只做二十分鐘（一個「時間單位」），就換做另一件事。之後再接續，一件工作分三、四次甚至更多次完成。事情分段完成，每次工作時間短些，不要「高估」自己的能力及專注程度。建議以二十分鐘為單位，以前述 ABC 分析法來安排，時間計畫的順序可以是：ABACABAC、AABAACAA、AABCAABC 等。

2. 分上午、下午、晚上三個區塊做時間計畫，可行性最高。除了先做 A 任務之外，也可選擇先做簡單的 C 任務，因為它較不費時且很快就有成就感。把小事或雜事做完，重要的工作能更專心。

3. 時間管理的關鍵在於「寬估」所需時間，才不會耽誤進度。時間計畫的失敗，多半由於「少估」做事所需的時間，以及「高估」自己的能力及專注程度。反之，即會成功。

4. 當然並非不能較長時間只做同一件事。有時某些工作還是會佔據你較多心思與花費較長時間，但仍建議減少這類事務，以及當中要穿插其他工作或休閒活動以紓解壓力、增進效果。

生涯筆記

附 錄 一
林鼎睿之申請研究所書審資料

一、前 言

　　各位審查老師您們好，學生林鼎睿畢業於國立政治大學心理學系，很高興有這個榮幸參加　貴所舉辦 107 學年度碩士班招生。從心理系所學一路探索自我、成長與反思，在接觸戶外教育之後，發現自己最感興趣的學習方向在戶外教育與活動領導領域。　貴所不論在師資、資源、課程與活動等各方面都十分充足，且教學成果斐然。希望敬愛的老師們能給鼎睿一個機會進入　貴所，讓自己在戶外活動及活動領導領域有更多的成長與發揮。

　　感謝敬愛的老師們在百忙之中撥冗審查鼎睿的資料，日後我一定不會辜負各位老師的期望，會盡全力學習並進行研究，將結合心理系所學與對人的多方了解，持續推動戶外探索教育，運用大自然的資源，滿足更多人的需求，並陪伴青少年成長。

二、學經歷

☼　**學歷**　身心靈成長與藝術生活能力的培養

學　校	期　間	成　長
國立政治大學 心理學系	民國 102 年 9 月～ 民國 106 年 6 月	能用更多元的角度觀察人事物，更開放的視野看世界。
國立新港藝術高級中學	民國 99 年 9 月～ 民國 102 年 6 月	創新思考、藝術涵養的薰陶，勇敢的突破最難的關卡──自己。
嘉義市立玉山國民中學	民國 96 年 9 月～ 民國 99 年 6 月	學習用海拔 3952 的視角看世界。

三、成績證明

(略)

四、修課概況

(略)

五、自　傳

☼　家庭背景　　（詳見本書第三章）

☼　求學歷程

從鄉村進入小都市

　　國小與國中階段，從原本的大林鄉鎮到嘉義市區，這是個過渡時期。從不太能掌握課業學習，到選擇適合自己的讀書方式、找到自己的學習模式，探索與認識自己，過程中有著很大的轉變。發展自己的多元興趣，熱愛運動的我，持續在田徑場上的中長跑項目，有穩定與超越自己的表現；熱愛音樂的我，在合唱團持續受到音樂的洗禮，被音樂感動，日後擅長透過歌聲，敘說自己也感動別人。在國中畢業之際，整體多元的表現優異，讓我獲得嘉義市優秀青年的表揚；因為成長經歷給予開闊的視野，讓我勇敢嘗試，同時也能接受挫敗。失敗後學習調適，更用心地投入學習與成長，持續拓展自我。

小都市再回到鄉里

　　高中時我就讀國立新港藝術高中，這是一所創立不到十年的新學校，沒有圍牆也沒有制服，校風相當開放。位在嘉義縣新港鄉，擁有多元的藝術涵養課程，像是數位音樂課、數位美術課、攝影課與戲劇課等，對於我的創意與創新思考有很大的啟發。因為新港地區廟宇文化的興盛，學校安排一系列豐富的在地社區參與課程，讓傳統文化透過新世代的投入得以傳承發揚。我每年參與大甲媽繞境到新港奉天宮的活動，協助香客用餐，擔任媽祖聖誕典禮的禮生，也在廟會期間背

負千里眼、順風耳將軍參與繞境。這些文化參與，讓我學習以文化傳承的角度欣賞文化的美，過程中認識許多文化工作者，訓練自己不只能「武」，也能「文」，不侷限自己的發展，更多元的學習。

大學小故事：每個小故事都有大學問

　　大學時到臺北就讀政大心理學系，投入助人工作者的行列。國高中時期，我們並未善用心理與輔導與相關專業資源，但心理問題只靠自己是不易解決的，像是感情、家庭、溝通等，事實上，還有很多的專業資源可以協助解決這些困境。就讀心理系，是期許自己未來能在教育現場提供更多的資源協助需要幫助的人，讓這些專業資源更容易被取得。大學期間持續的修習各種心理學課程如認知心理學、發展心理學、工商心理學、性格心理學或是變態心理學等，皆有不同的收穫，也開啟我對於人不同的看法，能更客觀從不同面向「同理」每個人的感受與思考，嘗試用不同方式協助與陪伴每個人。

　　戶外教育、冒險教育與冒險治療領域，是我相當有興趣也持續在學習與嘗試的大事。過程中我發現，戶外與大自然充滿力量，這些力量是我們從事教育與輔導很好的資源。我希望能藉此看到更多人的需要，給予幫助與協助，讓更多人被感動與滿足。

　　很榮幸在大三大四期間修習師資培育中心的教育學程，啟發了我投入於教育工作的願景。因為對於戶外教育深感興趣，在學期間也時常到師大修習關於戶外與體驗教育的課程，如野外心理治療、戶外裝備、野外醫療、休閒教育與戶外探索領導研究等，同時擔任師大謝智謀老師「獨處與反思研究」課程助教，從課程中觀察學習到更不同的收穫。引導與反思是相當大的一門學問，剛好結合心理系所學，刺激我產生不同的思維，對戶外冒險教育有更深的了解。

　　期許我能透過自己心理系的背景知識、師資培育課程所學以及熱

心助人的特質，未來在公領系戶外組持續精進，更深入戶外教育的知識與能力。在教育現場陪伴學員探索自我，提供更多的資源協助。能結合大自然的力量，看到學員更真實的需求，給予最合適的協助方案，成為一位專業的助人工作者。

六、報考動機

　　報考國立臺灣師範大學公民教育與活動領導學系——戶外教育與活動領導組之具體原因：

一、完善的學術研究環境，可以提供學生充足的研究資源。

二、具有各領域專長之師資，開授課程具有專業化與豐富化之特性。

三、教育領域（綜合活動——輔導）與戶外教育與活動領導及教育推廣相關。

四、希望與原就讀學系（心理學系）結合，發展獨特的戶外探索、冒險治療方案。

七、修課計畫

　　讀書計畫分為以下：

一、**106 年度讀書計畫**（含準備的相關考試、自我讀書規劃、自我實習與成長）

二、**未來就學規劃**（含準備選修之課程、研究論文撰寫規劃、自我讀書規劃）

㈠ 近程讀書計畫

106 年上學期

　　持續旁聽公領所相關課程並準備甄試資料、研究計畫，且複習大學所修習過之專業相關課程，其中又以野外心理治療、性格心理學、

社會心理學、發展心理學等學科之基本專業知識為主。利用每週三天晚上時間修習英語課程加強一般英文能力，以閱讀、寫作相關主題文章為主。積極參加與體驗教育相關之學術演講或研討會。

106 年下學期

擔任獨處與反思研究教學助教，練習戶外活動訓練之規劃與教學，持續旁聽公領所相關課程，如冒險治療研究，準備多益英文能力檢定考試，並積極參加與體驗教育相關之學術演講或研討會，精進自己戶外技能，如攀樹、登山技能。除了活動體驗之層次，也結合心理學思考，訓練自己引導反思之能力。

㈡ 中程讀書計畫（碩班一年級～碩班二年級）

進一步深入讀取統計學等科目之基本知識加強學習，且閱讀與規劃體驗教育相關課程。修習系所課程，主要為戶外教育研究、童軍教育研究、應用多變項統計方法、質的研究、活動領導研究、戶外探索領導研究、戶外教育設施研究、野外生活技能研究、冒險治療研究、獨處與反思研究、童軍活動研究、經驗教育研究、團體動力學等。也修習心輔所課程主要以人格心理學專題研究、青少年心理學研究、社會與情緒發展研究等，學習碩士論文研究寫作方法與技巧，廣泛閱讀研究相關之論文與期刊，針對所要研究之主題，學習其中各種技術與方法之原理與技巧，進一步學習英文論文寫作。

㈢ 遠程規劃（論文撰寫與未來工作取向計畫）

從教室到戶外，從諮商室到大自然

離開教室、諮商室，還能帶給學生什麼？大學修習過各種不同的心理學，從不同角度了解不同心理學派對人的認知，也發現我國的文化重視生理健康的程度，遠遠大於心理健康。感冒時我們會看醫生，但心理感冒了，卻常默默承受，成長的過程中許多心理壓力不斷累積，

像是即將爆掉的輪胎，隨時可能出狀況。

因為重視生理大於心理，許多活動的目標也停留在生理的體驗，並未按照庫伯的經驗學習圈理論，往下一個階段發展，進入覺察與反思層次。使得活動的教育性不能被激發，經驗也不易被內化並應用到自身生活中。

面對這樣的社會文化，延伸到教育觀念，傳統的講授式教學與傳統的室內諮商，其實都發展得相當成熟，但也似乎達到一個頂點，很難有新的突破。透過戶外教育，從教室到戶外，從諮商室到大自然，更能看到每個人真實的需求。

這是我在戶外探索領域的體悟，也是我想從事戶外教育工作的初衷。在教學現場看到許多跟我一樣，不太能靜靜的在教室上課，不太能穩定的在諮商室有效談話的學生。這類孩子不算少數，課業學習表現普遍較不起眼，在學校常被歸類為頭痛的對象。我一直在思考，在現今考試取向的學校文化裡，是否有足夠的資源讓他們探索自己的潛能？就算是中輟學生，該如何展現他們的亮點？

未來論文研究的方向希望透過戶外冒險教育，協助面臨 Erikson 心理社會發展論 (psychosocial developmental theory) 第五階段：自我認同與角色混淆階段的國中青少年，能好好探索與覺察自我；透過引導與反思，找到人生的方向與定位，提升自我價值感。

透過體驗式學習，從戶外探索教育中落實「做中學」，期望將自己推向以戶外冒險教育為主的工作，整合心理輔導與戶外教育知識，參與戶外探索產業的開發。希望將心理學的概念及做法，帶入戶外探索教育領域，讓更多人在戶外探索教育當中自我覺察、探索、成長與學習。

未來規劃利用兩年時間在各戶外探索產業學習，以戶外探索團隊

為主要學習目標。除了以戶外探索體驗教育為主要工作外，也為自己安排進入教育界的道路，例如在學校做講師，更能有效的推廣戶外探索教育。並期望能將我的研究計畫實際執行在迷失方向的高關懷孩童身上，幫助他們做更多的自我探索，找到真正想成為的樣貌，為社會做出更多的貢獻。

　　我知道自己要學的還很多，在戶外探索領域體悟到許多道理，也從中反思了自己到底想要什麼樣的生活，用什麼樣的態度面對人生的各種挑戰。我非常喜歡　貴所的課程，期望將　貴所學習的專業知識做為我遠程計畫的重要基石。期許自己能用多元的形式，看到人與大自然的關聯，透過多元的方式，建立信任的關係，將愛與熱情傳遞下去。

八、學經歷統整

☼　**戶外活動經歷**（筆者附記：鼎睿於每一活動都附上相關照片，在此省略）

戶外活動名稱	活動說明
登山運動	宜蘭加羅湖、奇萊南華、石碇皇帝殿等。享受登山的過程，聆聽大自然的聲音，感受身體的狀況。與自己獨處時好好的與自己對話，團隊互相合作時，全心全意的給予幫助與被幫助。覺察自己，是戶外教育相當重要的一環。
獨木舟運動	新竹峨眉湖、龍門營地參與獨木舟運動。
攀樹運動	國立體育大學、國立臺灣師範大學舉辦的攀樹運動。
越野機車運動	透過越野機車運動，訓練協調性與體力。
獨輪自行車運動	訓練平衡感與身體協調。
野外機車繩索救援	透過省力滑輪組於荒山中救援墜落車輛。
林道修復	運用現場資源與工具，修復土石流破壞的林道。

☼ 榮譽獲獎　多元發展

獎　項	時　間	對我的影響
永不放棄機車環臺 1100K 耐力賽	民國 106 年 9 月	追求體力與毅力的極限，過程中不斷的覺察自己，與自己獨處，好好的與自己對話。
政治大學 1600 公尺接力金牌	105 學年度運動會	接力賽，團體中的每個人都不可或缺，一同努力，互相學習也共同成長。
政治大學 1600 公尺接力銀牌	104 學年度運動會	
歌唱節目《金牌麥克風》過關	民國 102 年 12 月	拿出勇氣、突破恐懼，展現不同的自己。
創作畢業歌曲《一千個日子》入選 全國高中原創畢業歌合輯《拼圖》	民國 102 年 6 月	藉由團隊的合作，激發創作的潛能，學習溝通，透過音樂說出屬於我們的故事。
新港藝術高中　未來領袖獎	民國 102 年 6 月	在高中時期盡情的揮灑汗水、淚水，累積自己多元能力發展的成果，擴展未來。
遠哲科學能力競賽　中區 團體　第二名 單項　針筒幫浦　第一名	民國 100 年 12 月	時間管理、團隊合作、應變能力、自發學習的成長。
嘉義市優秀青年	民國 99 年 6 月	努力學習與付出，接受肯定並銘記感恩。

☀ 擔任幹部負責人　投入教育與服務

時　間	社團／活動名稱	職　稱	社團／活動介紹
106學年度	古亭國中多元能力開發班《冒險王》	負責人	利用課餘時間帶領高關懷學生進行多元課程，包含獨輪車課程、報廢課桌椅再利用：行動講臺、彈珠檯、扭蛋機、搖椅等創意手作與噴漆藝術等。結合社區與學校資源給予學生服務學習的機會，帶進社區並服務社會，最後以回顧與統整的方式，共同討論與反思過程中團隊與個人的成長。
106學年度	古亭國中古亭送暖，愛在永昌	籌辦者	帶領古亭國中學生，前往社區與高齡長者分享、互動、學習。
106學年度	中輟適性輔導計畫	教　師	結合音樂創作分享與輔導，陪伴學生共同創作，述說內心的故事，建立自信心與成就感，也讓我反思，中輟學生該如何展現他們的亮點？
106學年度	補救教學《攜手計畫》	教　師	鼓勵與陪伴，給予自信的成長，找到學生本身不同的亮點，也思考學業較不起眼的學生在現今考試取向的文化背景是否有足夠的資源？
106學年度	古亭國中教師節感恩影片	籌辦者	錄製教師、學生訪談、拍攝、剪輯古亭國中教師節感恩影片、創作歌曲《牧羊人老師》做為影片配樂。
106學年度	古亭國中新生始業輔導影片	創作者	拍攝與剪輯新生始業輔導影片、創作歌曲《Never Give Up 請你聽我說》做為影片配樂。

時　間	社團／活動名稱	職　稱	社團／活動介紹
105 學年度	心理系排 寒假移地訓練	籌辦者	利用寒假期間，帶領排球隊到宜蘭外澳沙灘，搭建沙灘排球場與排球訓練。
104 學年度	政大心理學系 排球系隊	隊　長	擔任隊長，帶領排球隊、統籌訓練。重整訓練模式，推動自主訓練與技巧、思考二合一訓練。
103 學年度	政大嘉雲會 錄影直擊	總　召	聯繫台視節目工作人員，帶領嘉雲會成員到台視攝影棚參與節目《我要當歌手》錄製過程。
103 學年度	政大心理系學會 系上共同活動	負責人	在政大校園辦理《密室逃脫》活動，學習統籌與規劃。
102 年 至今	感覺樂團	團長兼 主唱	整合團隊意見，學習溝通與合作，精進自己各項能力。

☼　服務經歷

時　間	服務機構	職　稱	服務內容介紹
106 學年度	古亭國中	認輔老師	利用每週的固定晤談時間，改良傳統諮商晤談模式，以手作課程當作媒介，引導學生面對問題，討論與設計問題解決方案，給予協助達成共同目標。
105 學年度	臺北市樂服社 區關懷協會	課輔服務志工	利用孩童下課時間與週末，陪伴國中小孩童，除了課業上的學習，也透過戶外活動，建立良好關係，給予陪伴與協助。

時　　間	服務機構	職　　稱	服務內容介紹
104學年度	貢寮國中	課輔服務志工	利用週六時間擔任課輔老師，陪伴孩童知識成長與活動體驗，建立信任關係，給予陪伴與協助，共同成長。
104學年度	景文高級中學	認輔老師	與學生每週固定時間晤談，陪伴並建立信任，面對主述問題，透過活動引導與設計，給予生活與課業輔導。
104學年度	國立政治大學嘉義雲林地區校友會 返鄉服務隊	值　星	寒暑假期間在嘉義、雲林地區的國小辦理為期四天的營隊，帶領國小學生進行知識學習、活動闖關、表演欣賞等多元課程，訓練多元思考、創新創意的能力，也見證團隊的成長，了解團隊合作的重要性。
103學年度	國立政治大學嘉義雲林地區校友會 返鄉服務隊	懸疑劇組長	
102學年度	國立政治大學嘉義雲林地區校友會 返鄉服務隊	組員、隊輔	

☼ 工作經歷

時　　間	工作機構／名稱	職　　稱	工作內容介紹
106.09.07～106.09.09	芳和國中奇萊南華登山課程	課程助教	參與課程設計，協助帶領學生在登山過程中學習，從體驗與觀察中萃取成長的因子，覺察戶外教育的力量，反思教育的目的性，了解生理與心理共同成長的重要性。

時　間	工作機構／名稱	職　稱	工作內容介紹
106.01.15～ 106.01.20	國立師範大學 獨處與反思研究	課程助教	協助課程的進行，為期一週的課程，除了課程觀察與學習，也讓自己學習戶外生活的技能與知識。
106.08.01～ 107.01.31	古亭國中	實習老師	以實習學生／老師的角色在教育現場學習，全心全意投入教育與行政工作，向學校師長們請教學習，讓自己有更多成長。
105 年 至今	捷利機車行	學　徒	老一代的傳統機車行，有別於現今多數機車行「壞了就換新」的經營模式，工作中，我學習了許多手工製作、修改的能力，以老闆的經驗為知識庫，啟發我對於「做中學」的思考，也讓我嘗試把這樣的概念帶進輔導與教學。
103 年 8、9 月份	空心菜菜農	負責人	從整地、播種、照護、收割、裝箱、出貨到農會回報當日菜價，兩位大學生一手包辦，從經驗中學習，不斷請教與修正，讓每日的出貨量能從兩箱到五箱，對我而言相當重要的工作經驗與學習。
102.09.01 至今	家　教	家教老師	結合過去學習經驗與知識，整合自己的一套教學方法，持續修正改進，以更多元、有趣的方式將知識傳遞下去。
102 年 至今	安親班、補習班	老　師	

附 錄 二

國立臺灣科技大學端木軒
申請應用外語系二年級之書審資料

目　錄

自　傳

一、家庭及個人背景

　　我是端木軒，從小在臺中長大，由於姓氏比較特別，常開啟我與他人的話題。我的祖先是孔子的弟子、很會做生意的企業家 —— 端木賜，也就是子貢。他的口才很好，受到孔子器重，後世子孫的我們深感榮幸。

　　家庭成員目前只有媽媽、姐姐和我，因為爸爸有家暴傾向，去年又發生嚴重家暴事件，媽媽再也無法與他同住，於是和爸爸離婚了，媽媽也在這一連串打擊中罹患了憂鬱症。因為媽媽一個人住，令我非常擔心，所以決定休學一學期，回到臺中陪媽媽。包括陪她上法院、照顧她不安的情緒，等到媽媽狀況穩定後，再回學校完成學業。慶幸的是，媽媽現在已經好多了。

經歷了這趟沉重的旅程，我確曾感到傷心和憤怒，但回顧起來，只剩下感謝。雖然因此造成家庭的不完整，但讓我懂得珍惜身邊的一切，使我變得更堅強、負責。比以往更具有同理心，能利用自己經驗幫助身邊類似困境的人。

度過了八個月不在學校的日子，我知道自己擁有的一切都不是理所當然。現在我更充分利用學習的機會，在課堂上積極、認真，發言、發問的次數也比以往多很多。

媽媽在我和姐姐面前總是堅強的面帶笑容，她不希望我們為了家裡的事而擔心。對於媽媽的恩情，即便耗盡一生我也無法回報。她總是教導我們要樂觀，勇敢爭取自己想要的未來。無論課業、家庭，都要為自己的選擇負責，更不忘提醒我們做個「有溫度的人」。

二、人格特質與興趣

☼　人格特質

我喜歡帶給別人正能量，在他人面前我總是充滿笑容。朋友遭遇困難，我也會積極給予協助；看見別人開心起來，我也會感到無比快樂。面對自己的困難，我會以樂觀的態度面對。人就是要從挫敗中成長，跌倒了沒關係，再站起來的自己會越來越堅強、成熟、懂事。

☼　興　趣

1. 英文：我對於英文一直有濃厚的興趣，很喜歡聽英文歌、看美劇、將英文歌翻譯放到自己的部落格上分享。高中開始我就持續透過許多英文網站自學鋼琴相關的知識、技巧，對於培養英文聽力及閱讀有很大的幫助。值得一提的是，我曾在鋼琴社擔任教學，教過一位比利時學生一學期，全程都用英文，最後讓他能上臺表演完整的一首歌。我還騎車帶他吃臺灣美食，交流彼此的文化；這段經歷讓我更加確信

自己有一顆熱愛語言及分享文化的心。

2. 音樂：這是我的心靈支柱，無論是純欣賞或自己彈奏，音樂永遠是我的活力與能量的泉源。

3. 嘗試新事物：我喜歡嘗試不同的事物，創造自己與他人的連結。認識不同背景及興趣的人，對我來說非常有意思。在交流的過程中，總能發掘到新事物而感到快樂，也更加認識自己。

三、求學歷程

☼ 喜歡語言的起點

小學三年級時，我到某英文補習班補習；小班制、全英文環境及透過遊戲學習，使我種下深愛英文的種子，對後來的英文學習有很大的幫助。

☼ 錯誤的抉擇

升高職那年，我在「應用外語」和「土木建築」之間做選擇。念了土木科之後，才發覺自己沒有興趣也不擅長。高職三年我最好的成績是英文，那時我就已經知道未來要往外語方面發展，可惜大學統測我只能報考營建系。我的大學之路並不順遂，我不擅長也不喜歡處理數字。大一因為興趣不符，讀得非常痛苦，許多科目也表現不佳。

☼ 營建系的歷程

儘管營建系並非我的未來方向，但其中我發現自己非常喜歡上臺報告，樂於與同學一起合作。做木橋的專題中，需要互相合作、腦力激盪，成品要在課堂上呈現，我很喜歡這樣的課程。

大二上我鼓足勇氣休學，一方面顧及家裡狀況，另一方面也花了很多時間和老師、應外系的朋友討論，確認自己未來的方向。

這段休學之旅讓我成長許多，沒有學校約束的我，變得更加自律，

更懂得運用時間。除了每天背單字、跟著英文影片逐句練習發音外，也用很多方式精進自己的英文溝通能力。不只透過英文影片，也和外國朋友交流，即使不在學校也不斷精進自己。因著這些努力，我多益考了 875 分，獲得金色證書。

☼ 遇見恩師

去年家庭遭逢困境，在臺科大透過學長介紹，認識了通識中心的王淑俐教授。當時老師給予我很多幫助，如今重回學校修習王淑俐老師的「領導與溝通」課程，又知道王老師創辦「華人無國界教師學會」，致力於關懷偏鄉學校的教育及配送物資，我深受感動，並希望也能幫助別人，於是加入了學會。

在裡頭認識許多雖然年紀相差甚遠，卻同樣擁有助人之心的人。透過實際參與，我對偏鄉教育有更多熱忱，期盼未來能去欠缺教育資源的特偏地區，當英文老師及音樂老師，讓那裡的孩子也能得到更好的教育。

☼ 復學之後

復學後，我深深感受到自己與從前明顯不同，當時家庭困境帶來的沮喪及課業上方向不明的迷惘，復學後已不復存在。我已能明確的訂定目標，確信自己要轉應用外語系。

復學後的第一個學期，我將營建系的必修課程全部退選，選了應用外語系的必修課程及其他英文課程，如語言學概論、科技英文、國際文化現勢、休閒英文、體育英文及唱外文歌曲的活力合唱課。儘管遠離了舒適圈，我不再能和熟悉的朋友一同上課；但這些和語言相關課程是我極有興趣的，這使我無比快樂，有更多動力去學習。

四、報考動機

我非常確定應用外語系就是我的方向，透過幾年來的經驗累積與嘗試，我發現自己真正熱愛的是語言，在語言教學方面也有極大熱忱，並希望學習翻譯的相關領域。

我明白語言是種工具，現在我已具備基礎的英文能力，還需要在應用外語系的各項課程中學習如何運用這項工具，在課程中培養語言教學的專業能力。

本校的應用外語系著重英語教學及口筆翻譯人才的培養，和我的興趣及未來規劃完全契合。透過這學期修習應外系的各項課程，以及與應外系的朋友多次討論之後，我確信臺科大的應用外語系，就是我最希望加入的學習園地。也相信自己近一年的準備，足以讓我有能力應付應用外語系的各項課程及挑戰。

讀書計畫

一、校　內

1. 大學階段我將專注於語言教學及口筆翻譯的專業能力，同時選修日文為第二外語。盡早考取英文相關證照，以備出國深造或未來工作所需。

2. 我明白修習「教育學程」需要花費較多時間，所以課程安排較為緊湊嚴謹。

校內讀書計畫				
	107 學年	108 學年（轉入第一年）	109 學年	110 學年
必修科目	修完應外必修學分			
英文檢定	托福、雅思、多益			
選修課程		應外系選修		
第二外語		日文選修		
教育學程		教育學程		
實務專題			英文實務專題	
社　團		英文演講社		

大二上（必修 16＋選修 11 學分）：

必修：初階英文寫作㈠、語言學概論㈠、文法與修辭、中級英文寫作㈠、英語演講㈠、英文進階閱讀㈠、西洋文學概論㈠、英語語音學㈠

選修：新聞英文、語言習得、兒童英語教學、初級日文㈠

大二下（必修 8＋選修 16 學分）：

必修：中級英文寫作㈡、英語演講㈡、英文進階閱讀㈡、西洋文學概論㈡

選修：英文小說選讀、英譯中、中英語言對比分析、應用語言學概論、初級日文㈡、語言與文化

大三上（必修 8＋選修 18 學分）：

必修：中英口譯㈠、英譯中㈠、研究方法、多媒體英文

選修：語言習得、翻譯理論與技巧、英語句法學、商務日文、心理語言學、中級日文㈠、中譯英、教學實務

大三下（必修 8 + 選修 18 學分）：

必修：中英口譯 ㈡、英譯中 ㈡、英文報告寫作、英文實務專題
　　　㈠

選修：談判英文、經貿英文翻譯、英譯中、職業倫理、中英語言
　　　對比分析、中級日文 ㈡、英語教學議題探討

大四上（必修 7 + 選修 8 學分）：

必修：英語辯論 ㈠、中譯英 ㈠、英文實務專題 ㈡、英語能力評
　　　量

選修：教學實習、美國文學、應用實務與校外實習

大四下（必修 4 + 選修 16 學分）：

必修：英語辯論 ㈡、中譯英 ㈡

選修：觀光日文、科技英文、英文戲劇演練、電腦輔助翻譯概論、
　　　影劇翻譯、同步口譯

二、校 外

校外學習計畫			
	107 學年	108 學年	109 學年	110 學年
偏鄉教育	於華人無國界教師學會貢獻			
歌詞翻譯	100 首歌曲里程碑		200 首歌曲里程碑	
展演策劃				寶藏巖藝術村實習機會
TedTalk	一週一篇，並記錄心得想法			
書籍製作	生涯規劃書籍			

1. 社團：參加英文演講社。

2. 偏鄉教育：以實際行動幫助他人，更深入了解教育精髓。

3. 歌詞翻譯：英文歌曲翻譯，練習翻譯及網站的文字編排。

4. 寶藏巖國際藝術村：與外國藝術家交流，培養英語溝通、展演策劃能力。

5. TedTalk：汲取他人經驗歷程，保持思考的習慣。

6. 書籍寫作：參與王淑俐教授主編、三民書局出版「生涯規劃與職涯發展」書籍的部分寫作。

三、未來發展

成為一位專業的翻譯者或語言教師，是我生涯的最大目標。另外我將積極準備報考翻譯研究所及出國留學，讓自己的專業能力更上層樓，將語言掌握得更好。

參 考 文 獻

Super, D.E. (1970). *Manual For the Work Values Inventory*. Chicago: Riverside Publishing Company. 6

Super, D. E. (1980). A life-span, life-space approach to career development. *Journal of Occupational Psychology*, 52, 129-148. 67.

Cheers雜誌 (2019)。2019企業最愛大學生：誰連3年擊敗台大？企業給新鮮人起薪欠競爭力、8成畢業生首份工作做不滿2年。2月4日，Cheers雜誌生涯探索網站。

HOM (2020)。在現實與小宇宙之間折返跑。2月10日，聯合報D2版。

王宏舜 (2020)。開會打哈欠、吃東西，年薪210萬「電腦碩士」，啥都不會被解雇。1月18日，聯合報A10版。

王榮輝譯 (2015)，Christina Berndt著。韌性：挺過挫折壓力，走出低潮逆境的神秘力量 (RESILIENZ)。臺北市：時報。

王淑俐 (2006)。別以為豬都好吃懶做──創意生涯與時間管理。臺北市：頂點。

王麗容、陳玉華 (2014)。性別平等政策對於生育率影響之跨國研究。委託單位：行政院性別平等處，受託單位：國立臺灣大學。行政院編印 (本研究受國家發展委員會補助)。

米果 (2018)。女人肩上的「塵勞」。11月24日，聯合報D版。

好腎醫師 (2020)。醫師居然也是人。2月1日，聯合報D2版。

江睿智 (2018a)。混齡、混性別　職場更犀利。7月10日，聯合報A5版。

江睿智 (2018b)。「工時帳戶」將加班時間存入帳戶，友善銀髮員工。7月10日，聯合報A5版。

江睿智 (2018c)。德國缺工120萬人，識途老馬變寶。7月10日，聯合報A5版。

社企流 (2017)。社會企業的10堂課。臺北市：聯經。

李瑞玲等譯 (1999)，丹尼爾‧高曼著。EQ II：工作EQ。臺北市：時報。

李康莉譯 (2019)，阿倫‧甘地著。甘地教我的情商課。臺北市：天下。

吳佩旻 (2017)。中小學女校長十年增加不到一成。4月10日，聯合報B3版。

吳佩旻 (2018a)。技職教育出頭，適性輔導、父母趨向務實。8月31日，聯合報B3版。

吳佩旻 (2018b)。因家庭放棄學業，女博士生常請假或中輟。4月30日，聯合報B3版。

吳佩旻 (2020)。2020企業最愛大學生調查。2月4日，Cheers雜誌生涯探索網站。

沈方正 (2019)。誰說「認真就輸了」？Cheers，158期。82-83。

卓瓊鈺 (2017)。救少子化，分享家務做起。6月2日，聯合報A14版。

倪安宇、丁世佳 (2020)。給有志翻譯者的備忘錄。2月3日、2月4日，聯合報D3版。

林秀姿、吳思萍 (2018)。買房下輩子吧！瘋狂兼差卻窮忙，26K青年被迫低消生活。3月20日，聯合報A6版。

林若寧 (2019)。培養10個好習慣，還說你不快樂嗎？Cheers，225期。84-87。

周春芳 (2019)。商業溝通。臺北市：華泰。

洪英正、錢玉芬編譯，Joseph A. DeVito著 (2003)。人際溝通。臺北市：學富。

袁世珮 (2019)。以不了了之的台大學歷，換一生音樂職志的Leo王。7月29日，聯合報C5版。

唐淑華 (2010)。從希望感模式論學業挫折之調適與因應 ── 正向心理學提供的「第三種選擇」。新北市：心理。

黃富順 (2000a)。流質智力。教育大辭書網站。

黃富順 (2000b)。晶體智力。教育大辭書網站。

黃富順 (2000c)。回流教育。教育大辭書網站。

楊竣傑 (2019)。這樣做，好工作入手。Cheers，158期。26-31。

陳永信編譯 (2019)。歐美強國都想學的AI時代必備本事。Cheers，224期。16-20。

陳宛茜 (2020)。大學甄選教戰系列5／掌握7大重點，面試輕鬆拿高分。1月29日，聯合報A9版。

陳麗如編製 (2010)。生涯發展阻隔因素量表（第二版）。新北市：心理。

許品鵑、謝秉弘 (2016)。二十五年來臺灣大專校院學生數變動趨勢。評鑑雙月刊60期。

許秩維 (2019)。青年就業領航計畫參與不到千人，立委質疑成效。3月25日，中央社網站。

章凱閎、蔡佩榮 (2018)。厭世產業超正向的，年輕人很努力了。3月18日，聯合報A5版。

梁家瑋 (2018)。放育嬰假沒加到薪，工會控高鐵歧視。5月24日，焦點事件網站。

張美惠譯，丹尼爾‧高曼著 (1996)。EQ。臺北市：時報。

張泰凰譯 (2006)，Seiwert, L. J. & Kammerer, D.著。女人，妳管得住時間。臺北市：展望。

游明煌 (2020)。除夕到初二家暴高峰，基隆1天7件。1月23日，聯合報B版。

葉丙成 (2017)。停止製造無動力世代，大學考招必須改革。11月21日，聯合報A15版。

葉冠妤 (2019)。克服失憶症，她55歲登教甄雙榜。8月24日，聯合報A12版。

賴庭筠譯 (2015)，弘兼憲史著。《90%夢想無法實現》。新北市：遠足。

劉嘉韻 (2018)。選對抗壓食物，避免體內慢性發炎。10月2日，聯合報元氣網。

顧淑馨譯(2005)，史蒂芬‧柯維著。與成功有約。臺北市：天下遠見。

人際關係與溝通（增訂五版）　　王淑俐／著

大家都知道「人際關係與溝通技巧」的重要，但往往說得頭頭是道卻無法「實踐」，因為做比說更不容易。

學習如何與人相處、增進人際關係、化解人際衝突，將有助於改善我們的工作與生活。

因此，人人都應增強溝通與表達的能力與技巧。

想要學習「可長可久」、「長治久安」的溝通策略嗎？請快翻開本書一探究竟！

心理學導論（增訂四版）　　溫世頌／著

心理學是研究人類行為與心理歷程的一門科學，學習心理學有助於瞭解、預測與同理人們的心理與行為。本書首先從歷史發展的觀點簡介各心理學派的理論，並透過言簡意賅、生動活潑的文字，帶領讀者認識重要的心理學議題，以及主要心理學家的思想主張與其重大影響。本書提供新近的研究資料與生活實例，是學習心理學的最佳入門書。

西洋教育史（修訂二版）　　林玉体／編著

本書從希臘羅馬時代綿延至近代甚至電子時代，條列教育上的重要課題，如教育目的、認同教育、心理學、教學法、課程規劃、宗教與道德、教育行政、非正式教育、各等正式教育及師範教育等，分別細數其縱向歷史發展，政治、經濟與哲學各項在教育中的地位變化，以及公家與私人教育的消長等。史料豐富詳實，更檢附重要人名及事件的原文。

教育社會學（修訂四版）　陳奎憙／著

本書主要是為準備從事教育工作的教育院系學生而寫，也可供社會學系學生與在職教師閱讀、研究參考之用。書中除詳細介紹「教育社會學理論」、「教育的社會環境」、「教育機會均等」等主題，亦運用現代社會科學理論來分析「教育制度」、「學校社會組織」與「班級社會體系」，更具體探討「教學方法」、「教育專業」、「師生關係」、「青少年次文化」等重要議題。

教育概論（增訂三版）　張鈿富／著

本書根據新進的教育政策重新增訂，分別探討：教育學風貌、優良教師的特質與教師角色、師資培育與專業發展、時代轉變下的學生特質與教師管教問題，並檢視教育政策中的改革構想與現況；末篇則以若干重要教育主題為延伸探討，是觸發讀者思考教育問題的最佳素材。

本書除了可讓讀者對教育有基本的認識外，更適合修讀教育相關科系的學生自行研讀與應考之用。

輔導原理與實務（三版）　劉焜輝／主編

本書在協助讀者瞭解輔導的內涵，啟發讀者思考輔導的本質。特點如下：㈠內容的完整性：全書十四章，涵蓋輔導學領域的理論與實務。㈡資料的精確性：撰稿者均為教育心理與輔導研究所科班出身，長年從事輔導理論的研究和輔導實務的探討。㈢立足於國情：改進國內相關書籍大多偏重輔導理論而忽略實務的介紹，並特別針對國內輔導現況進行探討。

會做人，才能把事做好（二版）　　王淑俐／著

想成為人氣王？想成功領導團隊？想創造雙贏的性別溝通？
本書包括四大溝通主題：會做人之必要、溝通技巧實作、職場
倫理與溝通、兩性相處與情愛溝通。內容兼具理論基礎及實務
經驗，自修、教學兩相宜。讓您一書在手，從此困惑全消、茅
塞頓開，化身溝通達人。

不煩歲月　　王淑俐／著

本書從作者的自身經驗出發，探討熟年世代可能遇到的煩惱，
試著找出煩惱的根源與解決的辦法，並列舉多位樂觀、開朗的
熟年典範，他們精彩的生命故事與非凡的情緒管理能力，可作
為即將邁入或已邁入熟年世代者的榜樣。
希望透過這本書，能夠協助熟年世代的朋友找回快樂的能力，
邁向美好愉快的不煩歲月！快樂，其實可以很簡單！笑對人生，
迎向不煩歲月！

掌握成功軟實力：8 個時間管理的黃金法則

王淑俐／著

你是否常常因為無法判斷事情的先後順序，而搞得手忙腳亂？
你是否為了無法按照排定的計劃執行，而每天勞碌加班？
你是否因為想做的事情太多，而不知該如何兼顧或取捨？
你是否因為總是覺得事情做不完，而有莫名的壓力與焦慮？
透過本書中 8 個時間管理的黃金法則，上述的問題都能迎刃而
解，讓您的生活不再庸庸碌碌，而是能掌握成功的關鍵之鑰──
充分利用人生中的每分每秒，進而實現心目中的「美好生活」。

7歲那年，我失去了手和腳——微笑天使郭韋齊的齊跡人生　程懿貞／口述；王淑俐／編著

「韋齊不是我們家的孩子，是臺灣社會養大的孩子。」
從生病截肢、復健到挑戰大三鐵；從同儕霸凌到自我肯定、自信舞蹈。是臺灣社會引領郭韋齊走過生命低谷，見過生涯山峰。截肢女孩郭韋齊的首本自傳，韋齊媽媽道出身障照顧者的真實自白！

人生兩好球三壞球：翻轉機會／命運，做自己的英雄　林繼生／著

本書結合電影、文學等素材，提供年輕學子在認識自我、人際關係、夢想與面對未來等方面的人生指引，文字淺顯易懂，讀者可從中獲得正向積極面對未來的智慧與勇氣。
「如何做自己？」「灰心喪志時該怎麼辦？」「如何面對過去的自己？」「成功是否有捷徑？」……青春的迷惘，本書幫你解答！

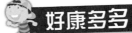

國家圖書館出版品預行編目資料

生涯規劃與職涯發展／王淑俐著.－－初版一刷.－－
臺北市：三民，2020
面；　公分

ISBN 978-957-14-6863-1 （平裝）
1. 生涯規劃

192.1　　　　　　　　　　　　109009564

生涯規劃與職涯發展

作　　　者	王淑俐
責任編輯	張家慈
美術編輯	陳祖馨
插畫設計	胡鈞怡

發 行 人	劉振強
出 版 者	三民書局股份有限公司
地　　址	臺北市復興北路 386 號 (復北門市)
	臺北市重慶南路一段 61 號 (重南門市)
電　　話	(02)25006600
網　　址	三民網路書店 https://www.sanmin.com.tw

出版日期	初版一刷 2020 年 9 月
書籍編號	S192020
I S B N	978-957-14-6863-1

三民書局